◎贵州省哲学社会科学规划课题
◎贵州大学人文社科学术出版基金资助

U0600519

基于实验分析的贵州汉语方言声调类型特征研究

明茂修 著

湖南师范大学出版社

·长沙·

图书在版编目（CIP）数据

基于实验分析的贵州汉语方言声调类型特征研究／明茂修著. —长沙：湖南师范大学出版社，2023. 6
ISBN 978 - 7 - 5648 - 4839 - 2

Ⅰ.①基… Ⅱ.①明… Ⅲ.①汉语方言—声调—方言研究—贵州 Ⅳ.①H17

中国国家版本馆 CIP 数据核字（2023）第 060121 号

基于实验分析的贵州汉语方言声调类型特征研究
Jiyu Shiyan Fenxi de Guizhou Hanyu Fangyan Shengdiao Leixing Tezheng Yanjiu

明茂修　著

◇出 版 人：吴真文
◇策划组稿：李　阳
◇责任编辑：李　阳
◇责任校对：胡晓军
◇出版发行：湖南师范大学出版社
　　　　　　地址／长沙市岳麓区　邮编／410081
　　　　　　电话／0731 - 88872256　0731 - 88873070
　　　　　　网址／https：//press. hunnu. edu. cn
◇经销：新华书店
◇印刷：长沙市宏发印刷有限公司
◇开本：710 mm×1000 mm　1/16
◇印张：11. 25
◇字数：200 千字
◇版次：2023 年 6 月第 1 版
◇印次：2023 年 6 月第 1 次印刷
◇书号：ISBN 978 - 7 - 5648 - 4839 - 2
◇定价：69. 00 元

凡购本书，如有缺页、倒页、脱页，由本社发行部调换。
投稿热线：0731 - 88872256　微信：ly13975805626　QQ：1349748847

前　言

进行实验语音学研究，特别是声调的实验研究，兴趣始于我在桂林读研期间。在学习汉语方言研究的过程中，了解到还有一种区别于传统的口说耳辨的实验研究方法，这激起了我的好奇之心，加之适时受到了香港科技大学朱晓农先生的启发，便在方言研究的道路上沿着这个方向走了下去。从最初的学习模仿，到逐渐拓展研究内容，再到后来发现并解决一些问题，乃至有了一些新的认识，一路走来，有艰辛，也有收获。方言田野调查的辛苦自不必说，光是学习与研究中遇到并需解决的困难就多不胜举。在此特别感谢朱晓农先生，很多困难的解决就在我与先生的邮件往来中得自先生的耐心解答，特别是在我初涉该领域的若干年中，这些经历是我学术道路上最值得珍视的财富。除了对重庆方言声调的实验研究之外，做得最多的，当数对贵州汉语方言声调的实验研究了。从早期零星地对毕节、遵义、六盘水等单点方言声调的实验研究，再到现在系统地对全省主要代表汉语方言声调的实验研究，这些成果见证了我的学术成长历程。

贵州汉语方言声调的实验语音学研究起步较晚，至今仍多为零星的单点方言声调的实验研究，缺乏对贵州汉语方言声调的基于语音实验的整体观照。本书尝试基于多位发音人的语音材料对贵州多个代表汉语方言点的声调进行实验语音学研究，冀以探求基于语音实验的贵州汉语方言声调的整体性类型特征。下面主要从本书的基本结论和努力目标两个方面谈一谈。

一、本书的基本结论

本书对贵州汉语方言声调的拱形、调形格局、调域和时长等进行了比较细致的描写和分析，针对贵州汉语方言声调的整体性类型特征获得了如下的一些基本结论。

一是关于声调的拱形特征。贵州汉语方言不同调类的声调都有其代表性的拱形。阴平包括两种主要的拱形，即平拱形和升拱形；前者分布于贵州西部和南部，后者分布在贵州中部、东部和东北部。阳平和上声以降拱形为主，其中阳平多直降拱形，上声多弯降拱形，它们主要分布在除贵州东部、东南部的广大地域内。去声分成了两派：一派的拱形以低升或低凹为主，分布在贵州西部、北部和中部；一派的拱形以高升为主，分布于贵州东南部。入声的拱形很不统一，既有平拱形和升拱形，也有降拱形和凹拱形，地域分布上也较为分散。

二是关于声调的调形格局特征。贵州汉语方言中包含两种占主导地位的调形格局类型：一种是"高平—半高降—高半降—低升"的调形格局，主要分布在贵州西部和北部；另一种是"高升—中降—高降—低升"的调形格局，主要分布在贵州中部和东北部。贵州汉语方言的这两种调形格局还呈现出了在地理上与同属西南官话的成都方言和重庆方言相同或相似的调形格局连续分布的突出特征。从贵州汉语方言调形格局历史演变的角度来看，贵州汉语方言的代表性调形格局最有可能发展成"高升—中直降—高弯降—低凹"的格局类型。

三是关于声调的调域特征。有关贵州汉语方言声调调域的研究，基本观点有二：一是女发音人的调域普遍大于男发音人，独立样本 T 检验的结果也显示，女发音人的调域显著大于男发音人的调域；二是无论男发音人还是女发音人，Pearson 相关性检验结果表明，调域大小都与调域上限高度正相关，与调域下限没有相关关系。

四是关于声调的时长特征。在时长与调类上整体表现为去声＞入声＞阴平

>阳平>上声，但只有去声显著长于阳平和上声，其他调类之间并无显著时长差异。在时长与性别上一般表现为女发音人的时长大于男发音人，但只在同调类的阴平、上声和去声中存在显著差异。在时长与高度上普遍体现为低调的时长大于高调。在时长与拱形上则较多地表现为曲折拱形的时长大于非曲折拱形。

从总体上来看，以上有关研究结论表明贵州汉语方言声调存在很多共性，这主要缘于历史上的共同移民、西南官话的内部向心性（特别体现在区域内中心城市方言上，贵州境内就是作为强势方言的贵阳方言）等因素；当然也存在较多的内部差异，究其原因，主要是自然地理的阻隔、民族语言的影响等多重因素综合作用的结果。

二、本书的努力目标

本书作为作者初次尝试对较大区域内汉语方言声调进行系统性语音实验研究的成果，在很多方面都是摸索着前进的，但为了把这个工作做好，作者在如下几个方面做了努力。

一是方言选点的代表性。贵州汉语方言相对单纯，主要是西南官话，个别为非西南官话。本书在贵州境内西南官话的 5 片 8 小片中确定了 14 个方言点，再加上非西南官话的 3 个方言点，总共选择了 17 个方言点。这些方言点的选择，不仅考虑到了汉语方言系属的划分，也照顾到了各片或小片中的主要城市，甚至是否较均匀地分布在特定地域上、是否与民族语言有较多接触或影响关系等也思考过，为的就是更好地体现所选择方言点的代表性。

二是发音人数量的充分性。语音实验对发音人的要求较高，不仅要求发音人是地道的当地人（这是最基本的），而且对发音人的年龄、性别和教育程度，乃至性格、情绪、说话风格等都有要求。除此之外，对发音人数量的要求是应该特别重视的，"'足够数量的受试人'不但对研究发音是必要的，对声学研究也是如此"（朱晓农，2005：47）。为保证实验结果的全面、客观，本书就使用了包括 26 位女发音人和 19 位男发音人在内的总共 45 位发音人。

三是图表的大量使用。本书通过大量的数据表格和图片来直观展示贵州汉语方言声调的声学特征，图表总数达到 196 个，其中包括基频数据统计在内的表格有 123 个，包括调形格局图在内的图片有 73 个。这些图表的使用，使原本只可耳听的语音，变成了可以量化、可视的表格和图片，可以为更好地认识和理解贵州汉语方言声调的本质和特征起到一定的辅助作用。

四是描写和分析相结合。本书对贵州汉语方言声调的声学数据以及图表都作了客观描写，并且对其所体现出来的声调特征等进行了细致分析。无论对于声调的拱形、调形格局，还是调域、时长，都遵循了先描写后分析的基本模式，有时还对比较特殊的声调现象作了描写基础上的深入探讨乃至发展演变的拟测。这种描写与分析相结合的研究方法，不仅有利于对某一问题的详细阐明，也有利于开展同一问题的不同方面或不同问题的对比研究，还特别有利于揭示相关问题隐含的类型特征和发展演变规律。

五是新问题的发现和探讨。在对贵州汉语方言声调进行研究的过程中，我们在贵州省东部靠近湖南省的玉屏方言和黎平方言中发现了一些新问题并作了初步探讨，但以我们现在所掌握的发音人数量和录音材料，这些问题暂时还无法圆满地解决。例如黎平方言的去声，传统调值有高升和高降两种截然相对的记录，我们的实验中也体现出了这种对立。对于这种情况，我们认为，既可能是该方言内部本有分歧，存在这两种调形（调值）变体；也可能是该方言声调正处于发展演变的中间阶段，传统调值记录中早期高升后期高降就是这种推测的一个佐证；还可能是去声本身的性质决定的，即它是一个具有特殊发声态——假声或张声——的声调，其区别特征并非在于调形的升或降，而只是在于基频的高，其调形（调值）的差异正源于此，而这也是传统研究所没有关注到的。这些新问题的发现和提出，不仅可以深化对相关声调问题的认识，同时也为后续研究指出了方向。

六是跨越地域的视角。在进行贵州汉语方言声调的实验研究过程中，特别是在对贵州汉语方言声调的调形格局的类型特征，包括调形格局的类型划分、地理分布和演化等特征进行概括时，我们不仅着眼于贵州省内，还跨越贵州，放眼四川和重庆，将三地方言的声调作综合比较分析，探寻同属西南官话的三地方言声调的共性特征和差异性，从而发现了三地方言声调的调形格局在类型划分上的对应关系、在地理分布上的过渡性特征，以及发展演化的阶段性和层次性。如果没有站在跨地域的角度看待问题的话，是不可能得出这样的结论的。

本书作为对贵州汉语方言声调实验研究的阶段性总结，我们总是想把它做到更好，但是尽管努力了，可做得对不对，做得好不好，还需要交给时间来检验。

值本书即将出版之际，把本书的基本结论和努力目标集中整理于此，是希望能够为想要了解本书的读者提供便利。至于是否值得深入研读，读者就可以据此自行取舍了。如果本书能够为读者在了解、学习以至研究贵州汉语方言或其他汉语方言甚至其他语言声调的过程中发挥一点点作用，那将是作者倍感荣幸的。

末了，必须向为本书的完成提供支持和帮助的所有单位和所有人表达我诚挚的谢意。感谢贵州省哲学社会科学规划办公室，最初的课题立项与经费支持为本书的完成打下了坚实的基础。感谢贵州大学哲学社会科学研究院为本书出版立项，没有学校人文社科学术出版基金的支持，本书也不可能这么快就出版面世。感谢湖南师范大学出版社对本书出版的支持，特别是在本书繁多的图表为相关工作带来了难以想象的困难的情况下。还要感谢在我到贵州各地进行方言调查时给我帮助的所有同事、同仁和朋友们，他们不辞辛劳，为我联系发音人，甚至在我的田野调查中全程陪同，让我非常感动。要特别感谢的是本书的所有发音人，没有他们的密切配合和辛勤付出，本书也就成了无源之水、无本之木了。

明茂修

2022 年 12 月于贵州大学

目　录

1

第一章

贵州汉语方言声调研究概述

本章主要介绍贵州汉语方言概况和声调研究现状，同时对本书的研究目的、方法、程序和内容等作相关说明。

第一节　研究现状

贵州省，简称"黔"或"贵"，位于中国的西南部，省会贵阳市，东毗湖南，南邻广西，西连云南，北接四川和重庆，辖贵阳市、六盘水市、遵义市、安顺市、铜仁市、毕节市六个地级市，黔西南布依族苗族自治州、黔东南苗族侗族自治州和黔南布依族苗族自治州三个少数民族自治州以及仁怀市、威宁彝族回族苗族自治县两个省直管县级单位。全省总面积 17 万多平方千米，居住着汉族、苗族、布依族、侗族、土家族、彝族、仡佬族等 56 个民族，2021 年末常住人口 3852 万人。

贵州省境内分布着汉语和彝语、苗语、仡佬语等少数民族语言，语言和方言状况异常复杂。汉语方言在贵州省境内分布最广，使用人口最多，也是各民族之间的通用语，其构成相对单一，其主体部分是属于北方方言的西南官话；其他的包括喇叭苗话、屯堡话和酸汤苗话等，它们虽然名称不同，甚至有的还冠以"苗话"等，但并非少数民族语言，而是汉语方言。贵州境内的少数民族语言分布广泛，部分语言还存在较大的方言差别。目前，对贵州境内的少数民族语言的研究还不充分，对其的保护也还不到位。据《贵州民族报》（数字报）（梁朝文，2014）报道，全省已经有多个自治县的少数民族语言濒危甚至消失，加强对少数民族语言的研究和保护已经是当务之急。

对贵州汉语方言的研究，包括语音、词汇和语法等各个方面，其成果都是非常丰富的，论著数量可谓汗牛充栋。但是，明茂修（2010）早就指出，与全国其他许多省市相比，贵州省的汉语方言研究仍然存在较大的差距，这种状况至今依然没有得到较为明显的改善。下面仅对贵州汉语方言声调的研究做简单回顾，主要从传统研究和实验研究两个方面分别论述。

一、声调的传统研究

在贵州汉语方言声调的传统研究中，专门探讨声调问题的论著屈指可数，主要是有关安顺（袁本良，1995）、赤水（陈遵平、蓝卡佳，1996）、贵阳（孙鲁痕，1998；黎河，2013）、毕节（孙鲁痕，1998）、遵义（胡光斌，2003；陈遵平，2006）、屯堡（吴伟军，2007）、都匀（周艳，2011）和兴义（何睦，2012）等地方言的数篇论文。这些论文大多是对方言变调的研究，间有对较为特殊的入声的研究，绝少对声调的深入研究，这或许与以往认为声调相对简单的普遍认知不无关系。同时，这些专门探讨声调的论著往往对某一方言的声调问题进行了较为细致深入的描写和分析，具有较强的针对性。

除了以上专门探讨声调的论著之外，其他大部分都是作为论著中语音的一部分来介绍的，其中比较有代表性的如《官话方言的分区》（李荣，1985）、《西南官话的分区（稿）》（黄雪贞，1986；李蓝，2009）、《贵州省汉语方言的分区》（刘光亚，1986）、《贵州省志·汉语方言志》（贵州省地方志编纂委员会，1998）等。可以说，它们都是官话方言（包括贵州的西南官话等）研究的阶段性和代表性的成果，这对贵州汉语方言声调的深入研究不仅具有很高的指导和借鉴价值，而且还在一定程度上起到了很大的推动作用。相对于专门探讨声调的论著的深入性和细致性，这一类并不是专门探讨声调问题的论著却体现出更大的概括性和更高的指导意义。

此外，还有一部分论著是为了普通话学习的需要，辅助声调教学而论及声调现象的，由于不是专门对声调现象的研究，此不再赘述。

二、声调的实验研究

　　贵州汉语方言声调的实验研究起步较晚，但在最近的 10 余年间也得到了稳步的发展。明茂修从 2008 年开始陆续对贵州毕节（明茂修，2008、2012；明茂修、郎禹，2016）、六盘水（明茂修，2009）、遵义（明茂修，2009）、威宁（明茂修，2011）等方言的声调进行了较为详细的实验研究，对各地方言声调的基频、时长或音强等进行了声学描写，刻画了调形格局，并与传统研究结果作了比较分析，同时也对时长与调形的关系等问题进行了探讨。其他人有关贵州汉语方言声调实验研究的论文并不多，主要是对贵阳方言（张余，2009；罗冉，2018）、遵义方言（胡伟，2012）和铜仁"西五县"方言（萧黎明、王彬，2014）、屯堡方言（班阳，2014）声调的实验研究。上述对贵州汉语不同方言声调进行实验研究的这些论著都对特定方言点的声调作了比较详细的声学实验分析，客观上对贵州汉语方言声调的深入研究特别是实验语音学研究起到了较大的促进作用。

　　从以上分析可知，贵州汉语方言声调的传统研究成果是不少的，但是有关声调实验研究的成果就很少了。在声调的传统研究中，基本上县级以上方言点的声调都得到过描写，甚至部分较为特殊的乡村级方言点也进行过描写；而声调的实验研究大多数只使用了少数新派发音人，还没有使用最具代表性的老派发音人进行深入研究。相对于贵州汉语方言传统研究成果来说，这点实验研究的成果可以说是微不足道的。当然，即使有了以上一些有关实验研究的成果，但绝大部分贵州境内的汉语方言根本还未涉及，整体上还缺乏对整个贵州汉语方言声调的系统性的、能概括其声调类型特征的实验语音学研究成果。这就有必要对具有代表性的贵州汉语方言的声调进行系统而全面的实验研究，并进而进行贵州各代表方言点方言声调实验研究结果的对比研究，以探讨更深层次的贵州汉语方言声调的类型特征等。

第二节　本书研究概况

本节主要介绍贵州汉语方言声调实验的目的、方法、程序和内容。"人类犯错的本性使得他们所进行的实验也难免犯错，唯一的解决办法就是精心准备、控制好实验的方法和程序，把犯错的几率降至最低。"（颜宁，2009：289）本节正是通过对实验方法、程序等的精心准备和精确控制，以保证实验结果的客观性和准确性。

一、研究目的

在上一节中，对贵州汉语方言声调研究状况的分析指出了以前研究中存在的一些问题，认为基本上都还没有进行过全面而系统的声调实验研究。我们的目的就是在已有研究的基础上继续深入研究，补已有研究之不足，订已有研究之舛误，释已有研究之未明。

第一，运用实验的方法来描写和分析贵州汉语方言声调的基频和时长等声学性质，进一步揭示声调的基频、时长与性别、年龄等因素的内在联系。

第二，运用调形格局模型刻画和包容贵州汉语方言调值及其变体，极尽可能地找到贵州汉语方言调形格局共时变异的类型。

第三，运用调形格局内部调值区别特征的差异化原则并结合音理等对部分贵州汉语方言调形格局的历时演变状况作分析和阐释。

同时，我们对贵州汉语方言声调进行实验研究还有更深层的目的，也可以说是进行本项研究的价值或意义所在。

第一，理论上，对贵州汉语方言进行多方言点多发音人的声调声学特征的详细描写和全面系统的实验研究或可为实验语音学提供丰富的实验研究材料，深化汉语方言声调的实验研究，充实汉语方言声调实验研究理论，对声调类型学的建立、发展和完善也有重要参考价值。

第二，实际应用上，对贵州汉语方言声调声学特征的详细描写和全面系统性的实验研究或可作为传统上对贵州汉语方言声调研究的有益补充，深化人们对汉语方言声调本质的认识，为贵州方言区乃至整个西南官话区的人学习普通话声调提供帮助，并进而为普通话的推广和普及服务。

二、研究方法

在综合运用五度标调制理论、调形格局理论、声调系统调节理论和分域四度标调制理论以及其他相关的语音学和音系学理论等的基础上，采用多种研究方法对贵州汉语方言的声调进行研究。主要研究方法包括：

1. 调查法

田野调查是传统方言研究的基础，也是方言声调实验研究的基本方法，而准确的方言调查资料依赖于可靠的田野调查。贵州汉语方言声调的实验研究正是在多次田野调查的基础上，在各代表方言点寻找合适的发音人，不断地检验实验例字，并适时录音。

2. 实验法

在方言研究中，实验语音学方法相对于传统研究方法有无可比拟的优越性，可以帮助解决传统研究方法所无法解决的问题。在贵州汉语方言声调的实验研究当中，田野调查时使用录音编辑软件 Adobe Audition3.0 进行录音以及其后对录音文件进行切分等，使用语音分析软件 Praat5356 对录音进行标注和提取声学数据，并且用以观察语图等。

3. 统计法

将提取的所有样本的基频和时长数据导入相关软件当中，并对其平均值、标准差和标准化值等进行统计、分析；而基频和时长数据的各种差异性、相关性检验和分析也使用相关统计分析软件进行。

4. 图示法

图形和表格的使用就是要使所要表达的东西更为直观，更为明确地呈现其主要信息。将在贵州汉语方言声调的研究中所提取的基频和时长数据等列出表格或作出图形，可以直观地表现基频和时长等所体现出来的声调特征。

5. 描写和比较法

对贵州汉语方言声调的基频和时长数据以及图表体现出来的声调特征进行客观描写，并从地域、性别、年龄和教育程度等多个角度对贵州汉语方言声调的各种声调特征进行对比分析，以揭示它们之间的异同和规律。

三、研究程序

研究程序包括实验的准备和研究过程等。

1. 实验准备

实验的准备主要包括软件的准备、实验例字的选取和发音人的选择等。

（1）实验软件。实验软件可以分为录音软件、语音处理软件和数据统计分析软件等。本书实验所用的录音软件是 Adobe Audition 3.0。该软件具有集录音及音频编辑为一体的功能，所以也使用该软件对录音文件进行切分。声调承载段的标注、基频和时长数据的提取以及描写分析过程中的语图观察等都通过语音分析软件 Praat5356[①] 进行。而对相关声学数据的统计，以及平均数差异检验和相关性分析则使用办公软件 Microsoft Excel 2007 和统计分析软件 PASW Statistics 18.0。

（2）实验例字。石锋（1990：23-24）认为："……要考察声调的情况，就应该尽可能在相同的声母、韵母的音节中，并且在语流中处于相同位置的情况下。"这段话告诉我们，进行声调实验研究的时候，不同调类的例字应该是声母和韵母都相同，这样才便于不同声调的比较，并且可以很好地排除因为声母、韵母的不同对声调造成的影响。

对例字的选取标准不仅如石锋（1990：23-24）所述，还遵循了声母与韵母组合的最简原则，即声母加单元音韵母。声母首选不送气清塞音，因为在语图上表现为冲直条，与韵母段的界限是非常清晰的；不送气清塞音不足时，再辅以其他声母，如送气清塞音或其他易于与韵母区分的声母。除了严格的声母的选择之外，更重要的是韵母的选取。一般认为，承载声调主要信息的是韵母段，而且是韵母中的主要元音。那么所选例字的韵母为单元音，也就是表明，这个单元音韵母承载着这个声调的主要信息，也可以说韵母段就是这个例字的声调承载段。同时，单元音韵母还可以排除介音和韵尾对声调的影响。这样一种声母与韵母的组合自然很便于快捷而准确地对声调承载段进行确认和切分。

---

① Praat 是一款语音分析与合成软件，由荷兰 University of Amsterdam 的 Paul Boersma 和 David Weenink 开发，可以在网上免费下载使用，其下载地址为 http：//www.fon.hum.uva.nl/praat/。

基于以上认识，同时考虑到贵州汉语方言众多，声调数目不等，使用今调类选择实验例字不便于不同方言的声调之间的比较。所以，在选择实验例字时依据中古调类先进行初步的分类，再将其按所在方言中的今调类确定各个方言最终使用的实验例字。这样，无论是哪种方言，也无论其有几个调类，在今相同调类中的例字是相同的，这就在保证实验条件相同的情况下也便于不同方言之间声调的比较了。

　　表1-1是用于贵州汉语方言声调实验研究的所有例字。

表1-1　贵州汉语方言声调实验例字

古调	清浊	序号	例字
平	清	1	巴批低梯衣姑枯铺铺路 都首都,成都
	浊	2	爬皮蹄姨菩徒茶棋
上	清	3	把一把刀打比底体椅鼓苦补普赌土
	次浊	4	以马米
	全浊	5	罢婢弟部肚肚腹
去	清	6	坝怕闭屁帝替意故库布铺店铺
	浊	7	大鼻地易步度系树
入	清	8	八答塔笔匹一骨哭不扑督
	全浊	9	拔达笛瀑毒突
	次浊	10	易蜜木

　　注：①如果在某方言中今调类有所归并，该声调的实验例字首选归并前的，再适当增加归并进去的其他例字。②由于不同方言不同发音人的原因，具体方言使用的实验例字或稍有出入，后文不再作特别说明。

　　（3）发音人。相对于使用较少发音人的传统方言研究，实验研究则要求更多的发音人，正如朱晓农（2005：47）所说："'足够数量的受试人'不但对研究发音是必要的，对声学研究也是如此。"不仅在发音人的数量方面有要求，而且在性别、年龄和教育程度等多个方面都必须作相应的要求，因为"发音人的社会差异包括母语环境、生活阅历、文化水平、性格、情绪以及性别、年龄、体质等都会给声调的高低变化带来影响"（石锋，1990：44）。所

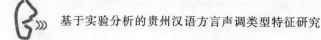

以，除了发音人数量的要求，对发音人的性别、年龄等的要求对于保证实验结果的客观性和可靠性也是不可或缺的。

在贵州汉语方言声调的实验研究中，所有 17 个方言点中除毕节和威宁外共使用了 39 位发音人（具体信息见表 1-2），如果加上毕节方言的 2 位发音人和威宁方言的 4 位发音人，本书实际用到的发音人为 45 位。在这些方言点的发音人中，最少的是 2 位发音人，多为老派，多的可以达到 4 位发音人，既有老派也有新派。从性别角度来看，在 39 位发音人中，男性发音人有 16人，女性发音人有 23 人。

表 1-2　贵州汉语方言声调实验发音人信息表

序号	编号	姓名代码	性别	出生年	籍贯	教育程度
1	W1	GXL	女	1962	遵义市汇川区	初中
2	M1	TYJ	男	1994	赤水市城区	大学
3	W2	ChFL	女	1995	赤水市复兴镇	大学
4	W3	ZhR	女	1993	遵义市汇川区	大学
5	W4	LSh	女	1993	遵义市汇川区	大学
6	M2	HM	男	1984	铜仁市碧江区	大专
7	M3	HDY	男	1950	铜仁市碧江区	高中
8	W5	YYK	女	1992	铜仁市碧江区	大专
9	W6	DLY	女	1955	铜仁市碧江区	大专
10	W7	WGZh	女	1966	玉屏县平溪镇	大学
11	M4	TT	男	1993	玉屏县朱家场镇	大学
12	W8	JHL	女	1938	凯里市城区	小学
13	M5	JLG	男	1934	凯里市城区	高中
14	M6	XGC	男	1948	剑河县柳川镇	初中
15	W9	XChM	女（苗）	1968	剑河县柳川镇	小学
16	M7	JYX	男（苗）	1964	天柱县远口镇	大专
17	M8	JRD	男（苗）	1988	天柱县白市镇	大学

（续表）

序号	编号	姓名代码	性别	出生年	籍贯	教育程度
18	W10	LHY	女（苗）	1960	天柱县远口镇	高中
19	M9	WGF	男	1954	黎平县德凤镇	小学
20	W11	WLH	女（侗）	1973	黎平县德凤镇	高中
21	W12	YHY	女（侗）	1966	黎平县德凤镇	大学
22	W13	ZhYL	女（布依）	1966	都匀市沙包堡镇	初中
23	M10	HYY	男（布依）	1972	都匀市开发区	初中
24	W14	WYH	女（苗）	1976	都匀市开发区	大学
25	M11	DB	男	1943	贵阳市南明区	中专
26	W15	ChJ	女	1988	贵阳市小河区	大学
27	W16	YL	女	1976	安顺市么铺镇颜旗村	初中
28	M12	WK	男	1994	安顺市西秀区	大专
29	W17	WXH	女	1990	安顺市开发区	高中
30	M13	DZhY	男	1950	安顺市七眼桥镇时家屯	小学
31	W18	WXX	女	1948	安顺市七眼桥镇时家屯	初中
32	M14	ZhLD	男	1961	兴义市城区	高中
33	W19	LGY	女	1967	兴义市城区	初中
34	M15	LXL	男	1968	普安县龙吟镇高阳村	大专
35	W20	GM	女	1975	普安县龙吟镇高阳村	高中
36	W21	XHM	女	1988	六盘水钟山区	中专
37	W22	ZX	女	1979	六盘水钟山区	大学
38	M16	WShQ	男	1966	六盘水钟山区	小学
39	W23	XWX	女	1966	六盘水钟山区	小学

2. 研究过程

研究过程主要包括录音、对录音的切分与标注、声学数据的提取和处理以及对实验结果的分析等。

（1）录音。本次实验的录音软件是 Adobe Audition 3.0。录音前选择好录音地点，要求较为安静，以不影响录音的质量和分析的效果为宜。提前将实验例字的顺序打乱，并在开头和结尾处各加一个充数的例字，然后将排列无序的字表呈现在发音人面前。

录音时先设置声道为单声道，采样率为 44100Hz，分辨率为 16 位，然后让发音人在相同的发音状态下将所有例字一次性读完，每个例字都读 1 遍，间隔 1~2 秒。若有读得过快或者读得不正确的则必须重新读，并仍然保持原来的发音状态。录完音后，将录音保存为 WAV 格式的文件。

（2）录音文件的切分和标注。首先是录音文件的切分。对于录音文件的切分，也是使用录音软件 Adobe Audition 3.0。先将之前所保存的录音文件按例字进行切分，每个例字保存为一个 WAV 格式文件；再按阴平、阳平、上声和去声四个调类放入四个文件夹进行保存；最后再按发音人的不同放入不同的文件夹当中。

其次是录音文件的标注。对切分好的按发音人和调类保存的录音文件进行标注所使用的是语音分析软件 Praat5356。标注时要先排除声调的弯头和曲尾，确定好声调承载段，以利于准确标注。同时，在标注时还应该充分参考宽带语图和窄带语图。

图 1-1 是对贵州汉语方言声调实验例字的标注例图。图中标注的例字是玉屏方言的发音人 W7 的"打"字。

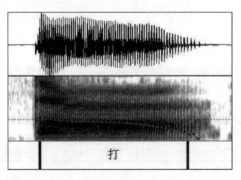

图 1-1　贵州汉语方言声调实验例字标注例图

（3）数据的提取和处理。首先是数据的提取。标注完成以后，在语音分析软件 Praat5356 中运行脚本程序提取每个样本的声调承载段的基频和时长数据。对于基频数据的提取，只提取声调承载段上 0％、10％、20％、30％、40％、50％、60％、70％、80％、90％、100％共 11 个测量点的数据。在提取基频数据时，相应的时长数据也同时提取了出来。然后将提取出的基频和时长数据导入 Microsoft Excel 2007 中，以备处理。

其次是数据的处理。对于导入 Microsoft Excel 2007 中的基频和时长数据的处理，先是对所有样本的基频和时长数据求取算术平均值和标准差，然后再对基频和时长数据进行标准化。标准化的主要目的就是消除人际差异，提取恒定参数，也就是滤掉个人特征，从而获得具有语言学意义的信息。同时，标准化还可以消减录音时不同发音人的发音风格，如自然、正式、随意或紧张等。对基频和时长数据进行标准化是必需的，标准化后就能够在人际差异中找到常量，在语际变异中找到共性，从而使得人际比较和语际比较的研究成为可能。（朱晓农，2005：51-52）

语言研究者很早就认识到，人耳听到的生理的音响与物理的振动之间有着对数函数的关系（［比利时］贺登松著，石汝杰、岩田礼译，2003：151），刘复（1951：51-52）在其《四声实验录》中也专门介绍了物理的声音与对数的关系问题。所以，后来的许多研究者对声调的基频进行标准化处理时都会取对数。

目前，在声调的实验语音学研究中，对基频进行标准化的方法有许多种，主要有 D 值法、T 值法、对数半音差比法、对数 Z－score 法（LZ 法）和对数频域比例法等。（刘俐李等，2007：9-11）目前看来，在所有的对数法中，朱晓农（2004：3-19）的对数 Z－score 法（LZ 法）是一个很好的标准化方法。其计算公式如下：

$$z_i' = \frac{y_i - m_y}{s_y} = \frac{\log_{10} x_i - \frac{1}{n}\sum_{i=1}^{n}\log_{10} x_i}{\sqrt{\frac{1}{n-1}\sum_{i=1}^{n}\left(\log_{10} x_i - \frac{1}{n}\sum_{i=1}^{n}\log_{10} x_i\right)^2}}$$

z_i' 是标准化后的 LZ 值，x_i 是测量点的基频值，m_y 和 s_y 分别是 y_i（$i=1$，2，…，n）的算术平均值和标准差。

根据这一公式可以求出每个测量点的 LZ 值。对贵州汉语方言声调基频数据的标准化使用的就是 LZ 法。在运用 LZ 法求取 LZ 值的过程中，首先求取每个发音人每个声调的基频均值，再转换成对数，然后计算出对数的均值和标准差，从而得到 LZ 值。最后，还要求出所有 LZ 值的最大值和最小值，并把其区间五等分，以得到五度制调值。

而对时长的标准化采用的是某个调类的绝对时长（D_i）与一种方言中所有调类的绝对时长的算术平均值（$\frac{1}{n}\sum\limits_{i=1}^{n}D_i$）的比值的方法。（平悦铃等，2001：16）其公式如下：

$$ND_i = \frac{D_i}{\dfrac{1}{n}\sum\limits_{i=1}^{n}D_i}$$

根据这一公式可以求出每个声调的标准化的相对时长（ND_i）。本书对贵州汉语方言声调时长的标准化就使用本方法。

对基频和时长数据进行标准化后，就可以作出声调的基频 LZ 值图和相对时长图并进行进一步的分析了。

四、研究内容

本书使用多个发音人的语音材料对贵州省内 17 个汉语方言点的声调（主要是单字调）进行研究，以期从基频和时长两个方面详细考察贵州汉语方言声调的声学特征，刻画贵州汉语方言的调形格局及其类型特征。

贵州省境内的汉语方言主要包括分属于不同片或小片的西南官话和包括喇叭话、屯堡话和酸汤话等的"其他汉语方言"。根据最新的汉语方言分区，在贵州省境内，主要有西南官话的 5 片 8 小片。第一片是川黔片，包括成渝小片和黔中小片，其中成渝小片以毕节市、六盘水市和铜仁市等为代表，黔中小片以贵阳市、安顺市和兴义市等为代表，共有 6 个方言点。第二片是西蜀片，包括岷赤小片，以赤水市和遵义市等为代表，共有 2 个方言点。第三片是云南片，包括滇中小片，以威宁彝族回族苗族自治县为代表，共有 1 个方言点。第四片是湖广片，包括怀玉小片、黔东小片和黎靖小片，其中怀玉小片以玉屏侗族自治县为代表，黔东小片以剑河县为代表，黎靖小片以黎平县为代表，共有 3 个方言点。第五片是桂柳片，主要是黔南小片，其中以都匀市和凯里市为代表，共有 2 个方言点。贵州境内汉语方言西南官话的各片和小片共有 14 个代表方言点。贵州省境内的其他汉语方言主要是前述的喇叭话、屯堡话和酸汤话等，前两者还没有非常明确的归属，后者则属于湘方言，共有 3 个代表方言点。综上，本书就是对贵州境内包括西南官话和其他汉语方言在内的 17（14+3）个代表方言点的声调进行语音实验研究。①

在划入贵州汉语方言声调实验研究的 17 个方言点中，一般是以方言所在地标明的，也有三个汉语方言点是以其特殊称谓标示的，一个是位于黔西南布依族苗族自治州的喇叭话，一个是位于安顺的屯堡话，还有一个是位于黔东南苗族侗族自治州的酸汤话。对于这些方言点的选择，一方面是考虑到了方言的分区，另一方面考虑的是某一区域内方言之间差异的大小。如果某一区域中的方言属于同一方言片或小片，其间的差别不大，则方言点少选些，如果差别较大，则适当多选一些。当然，作为省会和地级市的城市也都选入。至于那些方言系属复杂，与民族语言交错的区域，尤其是方言声调表现出较大的差异的，也会适当地多选一些，例如贵州省东部地区。

本书的主要内容共有 8 章。

第一章为贵州汉语方言声调研究概述。第一节是研究现状，介绍贵州汉语方言的研究概况，主要包括贵州汉语方言声调研究概况。第二节是本书研究概况，对本书实验研究的目的、方法、程序和内容进行介绍。

第二章至第七章是对贵州境内的西南官话和其他汉语方言的声调进行实验研究，对各个方言声调的基频和时长进行统计和分析，描写其声调拱形特征，刻画其调形格局，分析其调域分布，探讨声调拱形与声调时长之间的关系等。

第八章为贵州汉语方言声调的类型特征。对贵州境内 17 个汉语方言点声调的拱形特征、调形格局特征、调域特征以及时长特征等问题进行分析，以期找到贵州汉语方言声调中所存在的共性，概括和总结贵州汉语方言声调的整体类型特征。

---

① 在本书所列的 17 个汉语方言点中，我们已经对毕节方言和威宁方言的声调进行过较为详细的实验研究，具体内容可参考明茂修《毕节方言声调实验研究》（2012）和《贵州威宁方言单字调声学实验分析》（2011）。对于这两个方言点，本书不再列出专门章节进行研究，但在对贵州汉语方言的声调类型进行概括时会使用到相关数据和研究结论，如无特别需要，也不再作进一步的说明。

第二章

西南官话川黔片（上）

本章对贵州汉语方言中属于西南官话川黔片的贵阳方言、安顺方言和兴义方言的声调进行实验研究，包括所有声调的基频和时长的统计和分析。

第一节　贵阳方言

贵阳是贵州省省会，位于东经 106°07′至 107°17′，北纬 26°11′至 27°22′之间，东南与黔南布依族苗族自治州的瓮安、龙里、惠水、长顺 4 县接壤，西靠安顺市的平坝区和毕节市的织金县，北邻毕节市的黔西市、金沙县和遵义市的播州区，现辖云岩区、南明区、花溪区、乌当区、白云区、观山湖区、清镇市、修文县、息烽县、开阳县，共六区一市三县，总面积 8043 平方千米，中心城区面积 608.65 平方千米，2021 年常住人口 610.23 万人。

学界普遍认为贵阳方言属于北方方言西南官话系统，但在更为具体的方言片、小片等的划分上却存在一定的分歧。《中国语言地图集》（第二版）（中国社会科学院语言研究所、中国社会科学院民族学与人类学研究所、香港城市大学语言资讯科学研究中心，2012：85）将贵阳方言归为川黔片，《贵州省志·汉语方言志》（贵州省地方志编纂委员会，1998：35）将贵阳方言归于（贵州川黔方言）黔中片，《贵州汉语方言的分区》（刘光亚，1986：198-203）将贵阳方言归为黔西南片。

传统上对贵阳方言的研究成果较多，也是比较深入的，此不赘述。在贵阳方言声调的实验语音学研究方面，目前所见有两篇文章：一是《贵阳市区方言研究》（张余，2009：41-44），该文虽然篇名未体现出其为声调的实验语音学研究，但其实就是对贵阳方言声调进行的实验语音学分析，并且得出了贵阳方言的调形格局和实验调值；二是《基于声学数据的贵阳方言调值和调长研究》（罗冉，2018：63-67），该文是近年来所做的最新的贵阳方言声调实验研究，不仅得出了贵阳方言的调形格局和实验调值，还对贵阳方言声调的时长也做了研究。这两篇文章关于贵阳方言调形格局的结论是基本相同的，但是发音人都只用了一个，前者是老年男性，后者则是年轻女性，都没有用多个发音人。

　　据我们所知，贵阳城区方言不仅与其他各区、市、县方言有差别，城区方言也存在诸如不同区域之间、老派和新派之间的差别。所以这里将使用男女两性两位发音人并运用实验的方法对贵阳主城区方言的声调进行研究，这两位发音人分别为 M11 和 W15，前者属于老派，后者属于新派。一般认为，基频负载着声调的基本信息，而时长在某种条件下也对声调有着很大的影响，故也从基频和时长两个方面来对贵阳方言的声调进行研究，同时还进行调域的分析。贵阳主城区方言有阴平、阳平、上声和去声四个声调，其调值在不同研究者的结论中都存在一定的差别（后详）。

一、基频研究

1. 原始基频

　　表 2-1 和表 2-2 是贵阳方言声调的基频均值、标准差和样本数等数据，其中表 2-1 是男发音人 M11，表 2-2 是女发音人 W15。

表 2-1　M11 贵阳方言声调的基频均值、标准差（Hz）和样本数（个）

调类	基频	0%	10%	20%	30%	40%	50%	60%	70%	80%	90%	100%	样本数
阴平	基频均值	171	184	193	205	211	217	218	218	211	206	192	9
	标准差	22	25	24	22	19	15	16	17	16	12	12	

（续表）

调类	基频	0%	10%	20%	30%	40%	50%	60%	70%	80%	90%	100%	样本数
阳平	基频均值	154	149	144	140	135	130	123	115	106	95	84	8
	标准差	12	9	8	6	5	5	5	5	6	5	6	
上声	基频均值	199	209	209	201	191	181	170	158	144	128	108	12
	标准差	23	23	21	18	15	12	10	8	7	5	4	
去声	基频均值	107	102	102	105	109	115	120	124	128	132	135	9
	标准差	8	8	9	10	11	10	9	9	9	11	13	

注：表中的基频均值、标准差都只保留整数。后文各表中的基频均值、标准差也都保留整数，不复注。

表 2-2　W15 贵阳方言声调的基频均值、标准差（Hz）和样本数（个）

调类	基频	0%	10%	20%	30%	40%	50%	60%	70%	80%	90%	100%	样本数
阴平	基频均值	251	252	252	257	266	276	281	281	286	295	300	9
	标准差	7	7	9	13	15	16	15	14	22	19	21	
阳平	基频均值	236	238	236	231	226	222	218	213	207	202	197	8
	标准差	9	9	10	10	9	9	9	7	6	6	6	
上声	基频均值	262	262	259	255	250	246	241	234	225	216	206	10
	标准差	11	10	9	9	8	8	7	7	7	7	9	
去声	基频均值	205	193	186	190	195	201	205	208	209	209	207	9
	标准差	14	16	17	16	15	14	14	14	15	14	17	

　　根据表 2-1 和表 2-2 中贵阳方言声调的基频均值数据，可以作出图 2-1 每个发音人基于基频均值的调形格局图，图左为男发音人 M11，图右为女发音人 W15。

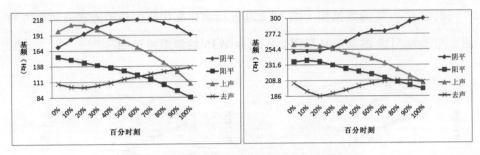

图 2-1　贵阳方言基于基频均值的调形格局图

根据图 2-1 可以考察贵阳方言基于原始基频值的各声调基频曲拱形态。阴平的基频曲拱是一条高升的曲线，处在调形格局的顶部，男女发音人之间的区别在于前者高升但在调尾有降势，后者则直升。阳平和上声都是降调，前者低降而后者高降，男发音人和女发音人的表现是基本相同的，只是男发音人上声的调头高一些，而且还有轻微的上升调头。去声是低升调，无论是男发音人还是女发音人，其声调曲线的前部都有一个降势调头，相对来说女发音人的降势更大。

2. 基频标准化

表 2-3 是贵阳方言声调的基频标准化值。

表 2-3　贵阳方言声调的基频标准化值

调类	发音人	0%	10%	20%	30%	40%	50%	60%	70%	80%	90%	100%
阴平	M11	0.41	0.68	0.86	1.08	1.20	1.30	1.31	1.31	1.20	1.10	0.86
	W15	0.62	0.65	0.65	0.79	1.05	1.31	1.45	1.46	1.58	1.80	1.95
阳平	M11	0.04	−0.07	−0.19	−0.30	−0.42	−0.56	−0.76	−0.99	−1.30	−1.68	−2.13
	W15	0.15	0.23	0.14	−0.01	−0.16	−0.30	−0.44	−0.63	−0.81	−1.00	−1.17
上声	M11	0.89	1.08	1.06	0.92	0.75	0.58	0.37	0.12	−0.21	−0.61	−1.18
	W15	0.93	0.93	0.84	0.72	0.60	0.46	0.30	0.09	−0.19	−0.50	−0.86
去声	M11	−1.25	−1.43	−1.45	−1.35	−1.20	−1.00	−0.86	−0.72	−0.61	−0.51	−0.43
	W15	−0.92	−1.38	−1.64	−1.50	−1.27	−1.06	−0.91	−0.79	−0.75	−0.77	−0.83

注：表中基频标准化值都只保留小数点后两位数。后文各表中的基频标准化值也都保留小数点后两位数，不复注。

根据表2-3的数据作了图2-2基于基频标准化值的贵阳方言的调形格局图。左图为M11的调形格局图，右图为W15的调形格局图。

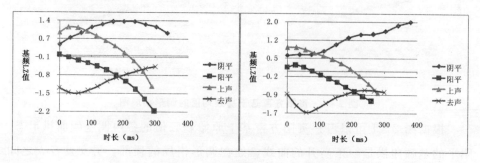

图2-2　贵阳方言基于基频标准化值的调形格局图

从图2-2贵阳方言的调形格局图来看，男发音人和女发音人各个声调曲线的基本趋势是基本相同的，只是部分地存在高低的差别。

表2-4是根据图2-2概括的贵阳方言的实验调值。

表2-4　贵阳方言声调的实验调值

发音人	阴平	阳平	上声	去声
M11	45	41	52	²23
W15	45	31	42	²12

从图2-2和表2-4可以看到，男发音人的实验调值（阴平除外）都要稍高于女发音人，虽然具体的实验调值存在差别，但是两人的调形格局还是基本相同的。从调形格局图来看，造成调值差异的主要原因还是在于阴平，由于女发音人阴平的调尾发得很高，致使她的其他几个声调相对于男发音人来说低了1度。当然，两人的实验调值的差异并不存在质的区别，两者都可以作为贵阳方言调形格局的代表。

从与传统研究的贵阳方言声调调值的对比来看，实验调值与传统研究的调值（见表2-5）也不存在本质的区别。

表 2 - 5　贵阳方言声调的传统调值

传统调值	阴平	阳平	上声	去声
传统调值 1 （汪平，1981：122-130）	55	21	53	24
传统调值 2 （陈章太、李行健，1996：1537； 贵州省地方志编纂委员会，1998：7）	55	21	42	13
传统调值 3 （刘光亚，1994：26-30）	55	21	42	12

在实验调值中，阴平是一个高升调 45，这不同于传统研究中的高平调 55。阳平的拱形是降的，上声的拱形跟它一样，不过调值的高低不同，阳平记为 31/41，上声记为 42/52。而传统上阳平记为 21，是一个低降调，与实验调值中的中降或半高降调还是存在一定的差别；传统上上声则记为 42 或 53，都是高降调，这与实验调值仍是相同或相近的。去声表现为前降后升的低凹拱形，但声调前部降低的幅度都相对较小或与部分升势在同一度，实验调值中用上标的 2 标记。这既考虑到了其拱形上的先降后升趋势，也照顾到其总体上是个升调的事实。这与没有注意到声调前部降势的以前记录的调值 12、13 或 24 都有所不同，但是全都认为是低升调还是相同的。

二、调域研究

调域指的是一个声调系统中所有声调的基频最高值和最低值的跨度。通过对调域的考察可以知道其在不同方言（或语言）、不同发音人、不同性别等情况下的共性和差异。一般认为，调域的大小与调域的上限或（和）调域的下限有密切关系。表 2 - 6 是贵阳方言声调的调域数据。

表 2 - 6　贵阳方言声调调域的最高值、最低值和调域（Hz）

发音人	最高值	最低值	调域
M11	218	84	134
W15	300	197	103

注：表中声调调域的数据都保留整数。后文各表的调域数据同此，不复注。

根据表2-6中所有发音人的调域数据可以作出贵阳方言调域的最高值、最低值和调域图（图2-3）。

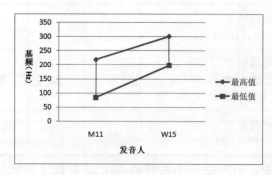

图2-3 贵阳方言声调调域的最高值、最低值和调域图

根据表2-6和图2-3，可以看到女发音人调域的最高值、最低值分别高于男发音人82Hz和113Hz，但女发音人的调域却比男发音人小31Hz。

三、时长研究

表2-7是贵阳方言声调的绝对时长（单位ms）和相对时长。

表2-7 贵阳方言声调的时长

发音人	时长	阴平	阳平	上声	去声
M11	绝对时长	337	298	291	301
	相对时长	1.11	0.98	0.96	0.99
W15	绝对时长	380	260	280	300
	相对时长	1.24	0.84	0.92	1.00

注：表中绝对时长都保留整数，相对时长则保留小数点后两位。后文各表中的时长数据处理同此，不复注。

从绝对时长来看，除了阴平之外，女发音人其他各声调的时长都小于同调类的男发音人的时长，其中阴平相差43ms，阳平相差38ms，上声相差11ms，去声相差1ms。根据表2-7中相对时长数据可以作出两位发音人贵阳方言声调的相对时长图（图2-4），其中M11的相对时长图居左，W15的相对时长图在右。

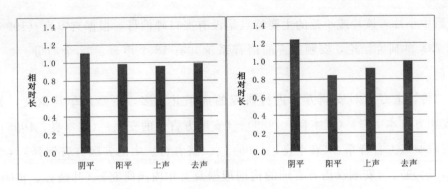

图 2-4 贵阳方言声调的相对时长图

根据表 2-7 和图 2-4，两位发音人的声调中阴平都是最长的，次长的都是去声。而对于阳平和上声，男发音人是阳平时长长而上声时长最短，但两者相差极小；女发音人则正好相反，且两者时长之差比男发音人大。从时长与拱形的关系来看，时长最长的阴平是高升调（在男发音人那里还有小降尾），且升得很高，次长的去声虽为升拱而实有前凹（尽管较小），亦即阴平和去声可以认为是曲折调；而最短的阳平和上声则都是降拱形。这说明，贵阳方言中的曲折调或升调要长于其余的非曲折调。

第二节 安顺方言

安顺市地处贵州省中西部，毗邻贵州省省会贵阳，素有"黔之腹、滇之喉、蜀粤之唇齿"之称，是黔中城市群重要中心城市，现辖西秀区、平坝区、普定县、镇宁布依族苗族自治县、关岭布依族苗族自治县、紫云苗族布依族自治县和安顺经济技术开发区、黄果树旅游区等 8 个县（区），总面积 9267 平方千米，2021 年年末常住总人口 245.88 万人。

安顺境内的汉语方言主要属于北方方言西南官话系统，其他的主要是分布在安顺屯堡及其周边的屯堡话，本部分所说的安顺方言指的是屯堡话之外的汉语方言西南官话，以安顺城区话为代表。具体说来，关于安顺方言的归属，在西南官话内部的划分上还是存在一定分歧的，如刘光亚《贵州汉语方言的分区》（1986：198-203）认为安顺方言属于西南官话黔西南片，而《西南官话的分区（稿）》（李蓝，2009：72-87）则把安顺方言划为西南官话川黔片黔中小片，该片或小片的主要特点是没有撮口呼韵母。根据袁本良（1996：61-73）的研究结论，安顺方言的语音系统共有 18 个声母、32 个韵母、4 个声调。

传统上专门对安顺方言进行研究的成果并不多，主要是单篇论文，如《安顺方言本字考》（袁本良，1989）、《安顺方言中的变调》（袁本良，1995）、《安顺城区方言音系》（袁本良，1996）、《〈跻春台〉中的安顺方言例释》（李丰，2009）、《安顺汉语方言词的构词理据及文化内涵研究》（叶晓芬、雷鸣，2014）和《安顺城郊汉语方言地名解读》（叶晓芬、杨正宏，2013）等。这些论文针对安顺方言的某一方面都作了较为详细的研究，其中《安顺方言中的变调》（袁本良，1995：39-46）一文对安顺方言的本调，特别是变调作了较为详细的分类探讨，其他的也大都涉及安顺方言的声调。除此之外，还有一些是存在于方言论著之中的成果，作为这些论著的一部分，如《贵州汉语方言的分区》（刘光亚，1986）、《贵州汉语方言调查》（刘光亚，1994）、《贵州省志·汉语方言志》（贵州省地方志编纂委员会，1998）等，此类著作中涉及安顺方言的情况基本都是简单的介绍，通常都没有对安顺方言的相关方言状况作更为深入的描写和探讨。

对于安顺方言语音（包括声母、韵母和声调）的实验研究，至今也还没有看到有人做过。有鉴于此，决定首先对安顺城区方言的声调进行实验研究，以补安顺方言实验语音学研究之不足。

安顺城区方言声调实验研究的三位发音人为 M12、W16 和 W17。

一、基频研究

1. 原始基频

表 2-8、表 2-9 和表 2-10 是安顺方言声调的基频数据。

表 2-8　M12 安顺方言声调的基频均值、标准差（Hz）和样本数（个）

调类	基频	0%	10%	20%	30%	40%	50%	60%	70%	80%	90%	100%	样本数
阴平	基频均值	122	118	117	118	118	119	120	120	120	123	124	8
	标准差	7	5	4	4		6	7	6	6	7	8	

（续表）

调类	基频	0%	10%	20%	30%	40%	50%	60%	70%	80%	90%	100%	样本数
阳平	基频均值	111	107	104	102	99	97	95	93	91	88	85	11
	标准差	4	4	3	3	3	3	3	3	4	3	4	
上声	基频均值	118	114	112	111	109	108	107	106	105	103	103	12
	标准差	7	5	5	5	5	5	5	5	4	4	3	
去声	基频均值	100	97	97	98	98	99	101	103	106	109	113	10
	标准差	4	4	4	4	4	4	4	5	6	7	8	

表 2-9　W16 安顺方言声调的基频均值、标准差（Hz）和样本数（个）

调类	基频	0%	10%	20%	30%	40%	50%	60%	70%	80%	90%	100%	样本数
阴平	基频均值	272	272	272	271	270	270	269	268	267	266	261	9
	标准差	9	9	8	7	7	7	7	7	6	6	9	
阳平	基频均值	225	219	215	211	206	202	196	189	180	172	158	12
	标准差	7	7	8	9	9	8	7	6	6	6	9	
上声	基频均值	249	241	237	234	232	229	226	223	221	220	218	13
	标准差	11	9	8	9	10	10	11	11	11	11	11	
去声	基频均值	220	204	197	197	197	201	207	214	221	227	233	11
	标准差	14	10	8	7	8	8	8	10	13	14	15	

表 2-10　W17 安顺方言声调的基频均值、标准差（Hz）和样本数（个）

调类	基频	0%	10%	20%	30%	40%	50%	60%	70%	80%	90%	100%	样本数
阴平	基频均值	260	252	250	248	248	247	245	244	248	255	260	10
	标准差	10	8	7	7	9	9	9	9	10	12	13	
阳平	基频均值	217	206	201	198	195	192	189	185	182	177	173	8
	标准差	18	16	14	13	11	9	10	10	10	10	10	

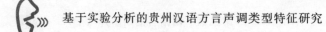

（续表）

调类	基频	0%	10%	20%	30%	40%	50%	60%	70%	80%	90%	100%	样本数
上声	基频均值	222	216	212	209	208	206	205	203	202	199	197	13
	标准差	8	9	10	11	10	10	10	10	11	13	15	
去声	基频均值	190	181	180	179	182	186	190	193	196	202	214	11
	标准差	12	10	7	8	7	7	7	6	10	11	10	

图 2-5 是基于表 2-8、2-9 和 2-10 数据的安顺方言调形格局图，其中上左图为 M12，上右图为 W16，下图为 W17。

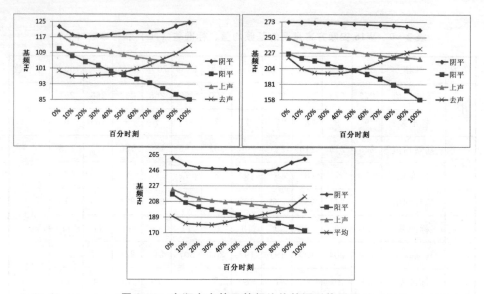

图 2-5 安顺方言基于基频均值的调形格局图

安顺方言各个声调的拱形如图 2-5 所示，阴平的拱形总体平直，而且在调形格局中最高，但 M12 和 W17 有轻微凹势，W16 有微降的趋势。阳平和上声都是降拱形，其主要区别在于前者低而后者高。但是对于 W17 来说，阳平和上声的调头的差异不大，其主要区别特征在于调尾的高低，但仍然表现出了上声的调头稍高而阳平的调尾较低的特点。去声的表现是低升调，但是在所有的发音人中都带有一个降调头，而且女发音人降调头的降势要比男发音人更大一些。

2. 基频标准化

表 2-11 是三位发音人的安顺方言声调的基频标准化值。

表 2-11　安顺方言声调的基频标准化值

调类	发音人	0%	10%	20%	30%	40%	50%	60%	70%	80%	90%	100%
阴平	M12	1.42	1.06	0.97	1.01	1.08	1.13	1.18	1.17	1.23	1.44	1.60
	W16	1.70	1.69	1.69	1.66	1.63	1.62	1.60	1.56	1.54	1.50	1.32
	W17	1.90	1.64	1.54	1.50	1.48	1.46	1.39	1.36	1.47	1.74	1.89
阳平	M12	0.37	0.01	−0.31	−0.49	−0.82	−1.03	−1.26	−1.49	−1.81	−2.19	−2.52
	W16	0.05	−0.20	−0.35	−0.52	−0.72	−0.92	−1.18	−1.48	−1.89	−2.31	−3.03
	W17	0.29	−0.13	−0.33	−0.48	−0.61	−0.74	−0.90	−1.08	−1.22	−1.43	−1.67
上声	M12	1.05	0.64	0.45	0.33	0.21	0.07	−0.06	−0.15	−0.24	−0.39	−0.47
	W16	0.90	0.64	0.50	0.37	0.29	0.19	0.06	−0.06	−0.13	−0.14	−0.23
	W17	0.54	0.28	0.11	0.00	−0.06	−0.12	−0.19	−0.26	−0.32	−0.44	−0.53
去声	M12	−0.79	−1.10	−1.10	−1.03	−1.01	−0.87	−0.68	−0.45	−0.17	0.12	0.52
	W16	−0.17	−0.82	−1.10	−1.12	−1.10	−0.95	−0.70	−0.39	−0.11	0.12	0.34
	W17	−0.84	−1.25	−1.30	−1.33	−1.20	−1.00	−0.84	−0.70	−0.56	−0.31	0.20

图 2-6 是安顺方言的调形格局图（上左图为 M12、上右图为 W16、下图为 W17）。

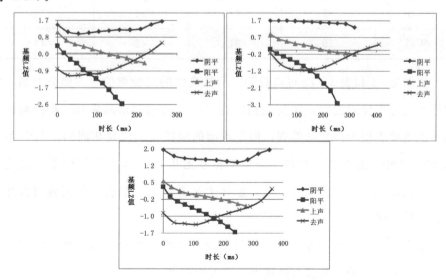

图 2-6　安顺方言基于基频标准化值的调形格局图

图 2-6 安顺方言的调形格局图中，除了个别声调高低有别外，两性发音人之间同调类声调的曲拱并无实质差别，其调形格局可以总结为"高平—半高降—高降—低升（凹）"的格局类型，并且可以进一步概括为"平—降—降—升（凹）"的格局类型。

明茂修（2017：49-58）曾将贵州汉语方言的调形格局划分为两种占主导地位的格局类型：其一是"升—降—降—升（凹）"型，其二是"平—降—降—升"型。从安顺方言的调形格局来看，它应该属于贵州汉语方言中占主导地位的第二种调形格局类型，但是又在去声上存在一定的区别，其凹的趋势还是比较突出的。当然，在后文对安顺方言实验调值的概括中，还是把去声概括为低升调的，从这个角度来看，安顺方言的调形格局还是与贵州汉语方言的第二种调形格局类型相合的。

表 2-12 是安顺方言的实验调值（概括自图 2-6）。

表 2-12　安顺方言声调的实验调值

发音人	阴平	阳平	上声	去声
M12	55	41	53	$^{3}24$
W16	55	41	54	$^{4}34$
W17	55	31	42	$^{2}13$

从图 2-6 和表 2-12 可以看到，虽然具体的实验调值存在部分差别，但整体表现是小异而大同，尤其是从所有发音人的调形格局来看。实验调值中的差别主要表现为高低的差别，但是声调的曲拱表现都是相同的。其中 M12 和 W16 无论实验调值还是调形格局都相差无几，而 W17 除了阴平与之相同之外，其他三个调值都要低一些。总体上来看，三位发音人的实验调值并不存在本质的区别。

结合表 2-13 安顺方言声调的传统调值来看，实验调值与传统研究的调值还是非常一致的，并没有体现出特别大的差异。

表 2-13　安顺方言声调的传统调值

传统调值	阴平	阳平	上声	去声
传统调值 1 （袁本良，1996：61-73）	55	31	42	24
传统调值 2 （刘光亚，1986：198-203）	55	21	42	13
传统调值 3 （刘光亚，1994：26-30）	55	21	42	12

安顺方言阴平的实验调值是 55，这与传统调值是相同的。阳平和上声都是降调，曲拱形态完全一样，其区别仅在于高度，其中阳平的调值概括为 41/31，而上声则概括成了 53/54/42；区别于传统的阳平 21/31，上声 42，主要还是起点高度的差别。去声在拱形上是一个较低的前凹调，但是调头下降的幅度都不大（用上标数字表示），记为了 ^{3}24/^{4}34/^{2}13。这样，其声调前部微降但整体上升的特点就都得到了很好的体现，并且还与传统调值 12、13 或 24 等调值的记录殊途同归，尽管所使用的方法不同，但是最终都指向了共同的低升调这一突出特征。

二、调域研究

表 2-14 是三位发音人的安顺方言调域数据。

表 2-14　安顺方言声调调域的最高值、最低值和调域（Hz）

发音人	最高值	最低值	调域
M12	124	85	39
W16	272	158	114
W17	260	173	87

图 2-7 是根据表 2-14 调域数据的安顺方言调域图。

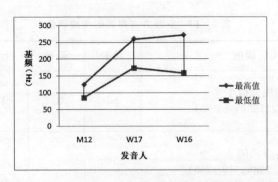

图 2-7 安顺方言声调调域的最高值、最低值和调域图

安顺方言调域的分布状况如图 2-7 所示，其中男发音人与女发音人调域的大小和极值的高低等差异直观可见，男发音人无论是调域还是相应极值都大大小于女发音人。

三、时长研究

表 2-15 是三位发音人 M12、W16、W17 安顺方言声调的时长。

表 2-15 安顺方言声调的时长

发音人	时长	阴平	阳平	上声	去声
M12	绝对时长（单位 ms）	263	164	220	263↑
	相对时长	1.16	0.72	0.96	1.16↑
W16	绝对时长（单位 ms）	318	255	318	408
	相对时长	0.98	0.79	0.98↑	1.26
W17	绝对时长（单位 ms）	353	239	275	363
	相对时长	1.15	0.78	0.90	1.18

注：表中时长数值后带箭头"↑"表示在若干相同数值中该数值偏大。后文各表同此，不复注。

对于同一个调类，在两性发音人上女大于男的绝对时长情况与贵阳方言不同，而且有的差距还不小。

安顺方言声调的相对时长图见图 2-8，其中 M12 是上左图，W16 是上右图，W17 是下图。

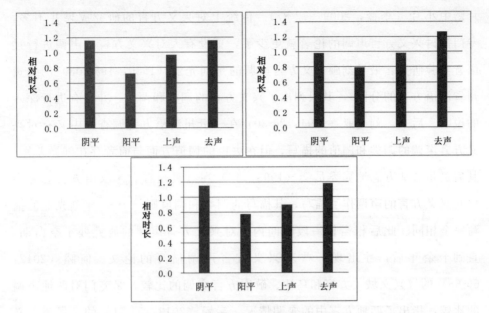

图 2-8　安顺方言声调的相对时长图

从表 2-15 和图 2-8 可以看到三位发音人的四个声调的时长大小顺序都是一样的，即去声（低凹拱形）最长，阴平（高平拱形，个别发音人还有微小曲折）居次，上声（高降拱形）排第三，而阳平（低降拱形）最短。这说明，安顺方言中曲折调都要比平调或降调等非曲折调长，且平调又长于降调，而在相同拱形当中高调又长于低调。

第三节　兴义方言

兴义市地处滇、桂、黔三省（区）接合部，东、北与本省安龙县、盘州市、普安县和兴仁市接壤，西与云南省曲靖市的富源县、罗平县毗邻，南与广西壮族自治区百色市的西林县、隆林县隔江相望，素有"三省通衢"之称。市政府驻黄草街道，辖 10 个街道，14 个镇，3 个乡，总面积 2911 平方千米，2021 年常住人口 100.46 万人。

兴义方言属于汉语官话当中的西南官话，具体来看，属于西南官话川黔片黔中小片（李蓝，2009：72-87）。传统上对兴义方言的研究成果并不多，专门探讨兴义方言声调的论著就更少了，更没有人对兴义方言的声调进行过语音实验研究。最早刻画兴义方言声调的是刘光亚（1986：198-203）的《贵州省汉语方言的分区》，其只列出了兴义方言的调类和调值，并没有进行深入的说明。后来，刘光亚（1994：26-30）在《贵州汉语方言调查》中又有对兴义方言声调的调类和调值的描写，但在去声的调值方面与前者存在细微差别。其后贵州省地方志编纂委员会（1998：46）在《贵州省志·汉语方言志》中也对兴义方言的声调作了描写，其描写的调类和调值则与1986年刘光亚的描写完全相同。此后相当长一段时间内，对兴义方言声调的研究处于空白期，直到十余年后，才出现一些对兴义方言声调描写的论文。何睦（2012：66-68）的《兴义城关方言和乌沙、敬南方言变调的比较》是专门对两地声调的比较，指出了两地方言中的变调情况。幸嫚（2013：57-61）的《贵州兴义方言语音系统》则是在实地调查的基础上对兴义方言的语音系统作了较为细致的描写，并与普通话语音作了比较，还列出了详细的同音字汇。在以往的研究中，有关兴义方言声调的具体调值可以说并不完全一样，比较有代表性的是刘光亚（1986：198-203）将传统调值记为阴平44、阳平21、上声53和去声13。

尽管兴义方言的传统研究成果较少，但与兴义方言声调实验研究的空白比较起来，还是值得肯定的。鉴于兴义方言声调实验研究的缺失，这里拟运用语音实验的方法对兴义方言的声调进行研究，详细刻画其声学特征，概括其实验调值，并在此基础上与传统的研究结果进行比较分析，以探讨传统研究结果与实验研究结果的异同，共同促进兴义方言声调的深入研究。兴义方言声调实验研究的两位发音人为M14和W19，都属于中老派方言。

一、基频研究

1. 原始基频

表 2-16 和表 2-17 是兴义方言声调的基频和样本数等数据。

表 2-16　M14 兴义方言声调的基频均值、标准差（Hz）和样本数（个）

调类	基频	0%	10%	20%	30%	40%	50%	60%	70%	80%	90%	100%	样本数
阴平	基频均值	110	107	106	104	104	104	105	107	108	111	114	8
	标准差	9	8	6	5	6	6	8	9	9	9	8	
阳平	基频均值	114	109	106	102	98	94	90	87	83	80	77	12
	标准差	7	5	5	4	4	3	3	2	1	2	1	
上声	基频均值	125	123	121	119	115	111	107	101	94	87	81	12
	标准差	7	5	5	5	4	4	4	3	3	4	5	
去声	基频均值	93	87	81	81	84	86	90	92	94	95	101	12
	标准差	4	5	4	5	6	7	7	6	6	5	6	

表 2-17　W19 兴义方言声调的基频均值、标准差（Hz）和样本数（个）

调类	基频	0%	10%	20%	30%	40%	50%	60%	70%	80%	90%	100%	样本数
阴平	基频均值	158	158	159	160	161	161	161	159	158	156	156	10
	标准差	6	5	5	4	3	3	3	4	5	4	4	
阳平	基频均值	163	157	152	148	144	141	138	134	130	127	124	13
	标准差	10	7	7	6	5	4	4	4	5	4	4	
上声	基频均值	189	190	190	188	185	180	173	163	152	143	138	13
	标准差	8	7	8	9	9	10	11	12	12	9	7	
去声	基频均值	146	140	139	137	138	139	141	141	143	151	159	12
	标准差	6	6	6	6	6	6	5	5	6	7	9	

　　图 2-9 是兴义方言的调形格局图（根据表 2-16、表 2-17 中的基频均值作），左边是 M14，右边是 W19。

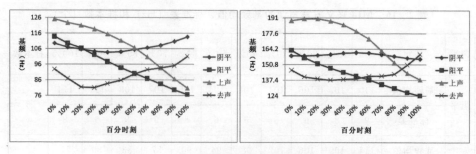

图 2-9　兴义方言基于基频均值的调形格局图

图 2-9 显示出了兴义方言声调中的平拱形、降拱形和凹拱形等 3 种基本拱形。其中，阴平主要表现为中偏高的平拱形，带一定的凹（男发音人）或凸（女发音人）势。阳平作为一个降拱形，调头比也是降拱形的上声低，没有明显的性别差异。上声也是降拱形，除了调头比阳平高之外，在女发音人的拱形上还可以看到其前部微升的趋势，从而带有弯降调的特征。阳平与上声的区别可能主要在于弯降还是直降，调头高度的区别并不太大。去声是一个低凹拱形，无论性别，其调拱前部都有一个下降的调头，其中男发音人的降势大而急，女发音人小而缓。

2. 基频标准化

表 2-18 是两位发音人的兴义方言声调的基频标准化值。

表 2-18　兴义方言声调的基频标准化值

调类	发音人	0%	10%	20%	30%	40%	50%	60%	70%	80%	90%	100%
阴平	M14	0.64	0.47	0.38	0.29	0.25	0.27	0.36	0.45	0.54	0.71	0.91
	W19	0.19	0.19	0.21	0.26	0.32	0.33	0.32	0.24	0.17	0.08	0.03
阳平	M14	0.92	0.64	0.43	0.13	−0.18	−0.48	−0.76	−1.03	−1.31	−1.66	−1.92
	W19	0.43	0.09	−0.20	−0.42	−0.62	−0.82	−1.03	−1.28	−1.50	−1.73	−1.93
上声	M14	1.60	1.47	1.37	1.23	1.03	0.78	0.45	0.05	−0.47	−1.05	−1.55
	W19	1.70	1.78	1.78	1.69	1.54	1.28	0.93	0.40	−0.17	−0.68	−1.02
去声	M14	−0.54	−1.04	−1.49	−1.54	−1.32	−1.14	−0.80	−0.58	−0.49	−0.38	0.06
	W19	−0.52	−0.87	−0.98	−1.05	−1.01	−0.96	−0.83	−0.82	−0.72	−0.25	0.24

根据表 2-18 中的数据作了图 2-10 兴义方言基于基频标准化值的调形格局图，其中左侧图为 M14，右侧图为 W19。

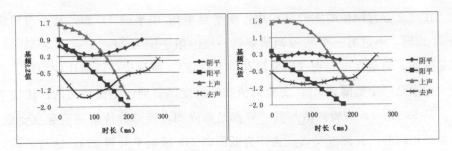

图2-10 兴义方言基于基频标准化值的调形格局图

兴义方言所有发音人同调类声调拱形的基本走势大同小异，仅在高度上有细微的差别，在图2-10兴义方言的调形格局图中都能看出来。由图2-10归纳可得表2-19兴义方言声调的实验调值。

表2-19 兴义方言声调的实验调值

发音人	阴平	阳平	上声	去声
M14	44	41	51	213
W19	33	41	52	223

从图2-10和表2-19可以看到，虽然具体的实验调值存在细微差别，主要表现在男发音人的实验调值都要稍高于女发音人，但是从调形格局图来看，两位发音人的调形格局差异很小，都是一个以平、降、凹/升等拱形为主体分布的四声格局，这与传统调形格局（可以基于传统调值再概括）存在很大的一致性，二者的区别主要在于阳平的高低上。

再从表2-20兴义方言声调的传统所记调值来看，其与实验调值也是极其相近的，特别是从所有声调的基本走势来看。

表2-20 兴义方言声调的传统调值

传统调值	阴平	阳平	上声	去声
传统调值1 （刘光亚，1986：198-203）	44	21	53	13
传统调值2 （刘光亚，1994：26-30）	44	21	53	12
传统调值3[①] （幸嫚，2013：57-61）	44	21	42	13

[①] 需要说明的是，此处所引幸嫚（2013：57-61）兴义方言的传统调值只用了五度制的四度，这是不符合传统的五度制记调法关于调值记录的规范的，不过我们在这里只是拿来作为对比之用，不予深入分析。

在兴义方言调值的实验结论中，阴平是半高/中平调 44/33，其一与传统值 44 相同，不过另一个实验调值要低一度。阳平记为 41，上声记为 51/52，都是降调，但是高度有别（阳平起点较上声高）。而与传统调值比较的话，传统上阳平是一个低降调 21，实验调值高了两度，差别还是比较大的；传统上上声是 53 或 42，实验调值与其一样都是高降调，但部分传统调值起点要低，而起点相同的，其终点又高。去声为低凹调 213 或低平升调 223，这与早前只记为低升调的调值 13 或 12 都有所不同，然而除了调头处或大或小的降势之外，低升（不论传统还是实验）才是兴义去声的区别特征之所在，这样来看，实验调值与传统调值又是相同的。

二、调域研究

兴义方言的调域数据可见表 2-21。

表 2-21　兴义方言声调调域的最高值、最低值和调域（Hz）

发音人	最高值	最低值	调域
M14	125	77	48
W19	190	124	66

图 2-11 是兴义方言调域图（根据表 2-21）。

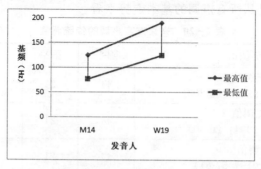

图 2-11　兴义方言声调调域的最高值、最低值和调域图

从图 2-11 中能直观看到兴义方言的调域大小详情，其仍如安顺等方言一样是女发音人的调域大，其最高值和最低值也相应都大。

三、时长研究

表 2-22 是 M14、W19 兴义方言声调的时长。

表 2-22　兴义方言声调的时长

发音人	时长	阴平	阳平	上声	去声
M14	绝对时长（单位 ms）	241	199	200	288
	相对时长	1.04	0.86	0.86	1.24
W19	绝对时长（单位 ms）	169	178	199	260
	相对时长	0.84	0.88	0.99	1.29

不同于前述的贵阳和安顺，兴义方言的绝对时长是男发音人稍稍大于女发音人，其间的差距可从表 2-22 中看到，这里不再赘述。

图 2-12 是兴义方言标准化后声调的相对时长图，图中左为 M14，右为 W19。

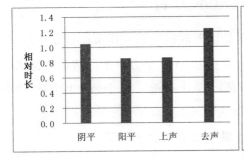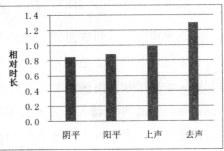

图 2-12　兴义方言声调的相对时长图

在有关兴义方言声调的时长（表 2-22 和图 2-12）当中，所有发音人相对一致的就是去声是最长的。但是在其他声调上差别很大，其中次长的，在男发音人是阴平，在女发音人则是上声；第三长的，在男是上声，在女则是阳平；而最短的，在男为阳平，在女为阴平。总体上来看，除去声之外，男发音人和女发音人其他声调的时长长短顺序都不相同。上面的分析表明，兴义方言的曲折调要比降调（非曲调）长，高调也比低调长。

第三章

西南官话川黔片（下）

本章主要探讨六盘水方言和铜仁方言这两个西南官话川黔片代表方言点的声调的声学特征。

第一节　六盘水方言

六盘水市位于贵州省西部，1978 年经国务院批准正式建市，是以能源原材料为主要产业的重工业城市。全市总面积为 9914 平方千米，辖六枝特区、盘州市、水城区和钟山区 4 个县级行政区、27 个街道、39 个镇、1 个乡、25 个民族乡，2021 年户籍人口为 360.38 万人。

传统上对六盘水方言进行研究的成果主要有《盘县话语音》（徐凤云，1988）、《六盘水方言概述》（肖永凤，1996）、《六盘水方言中"打"的语义分析》（肖永凤，2012）和《六枝话中的"得"》（陈诚，2011）等。对六盘水方言进行实验研究的主要有《六盘水（六枝）方言声调实验研究》（明茂修，2009）等。总体上来看，传统上对六盘水方言的研究成果并不多，更没有一篇论文是专门探讨六盘水方言声调的，而实验研究成果也仅有一篇对六盘水方言声调进行研究的，而且也只使用了一个新派发音人。

六盘水方言中阴平、阳平、上声和去声四个声调的具体调值在已有的传统研究结论中不尽相同。这里研究的是六盘水钟山区方言，四位发音人为

M16、W21、W22 和 W23，所操方言属于中派和新派。

一、基频研究

1. 原始基频

表 3-1、表 3-2、表 3-3 和表 3-4 是六盘水方言声调的基频均值、标准差和样本数等。

表 3-1 M16 六盘水方言声调的基频均值、标准差（Hz）和样本数（个）

调类	基频	0%	10%	20%	30%	40%	50%	60%	70%	80%	90%	100%	样本数
阴平	基频均值	175	176	179	181	184	187	189	190	191	189	187	12
	标准差	14	13	12	13	13	13	12	13	12	10	9	
阳平	基频均值	156	150	145	140	134	126	119	110	103	94	87	13
	标准差	15	14	13	11	10	8	7	5	4	4	5	
上声	基频均值	170	167	165	162	158	153	148	142	136	128	114	13
	标准差	16	15	13	11	9	9	8	8	9	9	10	
去声	基频均值	124	120	120	121	122	124	125	127	129	130	131	13
	标准差	7	7	8	9	9	10	11	11	12	13	14	

表 3-2　W21 六盘水方言声调的基频均值、标准差（Hz）和样本数（个）

调类	基频	0%	10%	20%	30%	40%	50%	60%	70%	80%	90%	100%	样本数
阴平	基频均值	245	246	248	250	252	253	253	253	252	253	257	11
	标准差	6	5	7	7	8	8	9	9	9	11	12	
阳平	基频均值	228	223	220	216	213	208	204	200	195	188	182	12
	标准差	6	7	8	7	6	5	5	4	4	6	6	
上声	基频均值	238	232	232	231	229	228	225	222	219	214	204	13
	标准差	13	9	7	7	7	7	7	7	8	9	12	
去声	基频均值	208	202	199	197	198	199	200	202	204	206	221	13
	标准差	9	8	7	6	6	6	5	6	7	12	15	

表 3-3　W22 六盘水方言声调的基频均值、标准差（Hz）和样本数（个）

调类	基频	0%	10%	20%	30%	40%	50%	60%	70%	80%	90%	100%	样本数
阴平	基频均值	237	239	242	246	249	250	252	253	253	252	254	12
	标准差	13	10	11	11	12	11	10	10	11	12	15	
阳平	基频均值	212	203	197	191	184	177	171	164	158	151	140	13
	标准差	10	10	9	9	8	8	7	6	5	4	7	
上声	基频均值	225	222	220	218	216	215	214	212	211	209	205	13
	标准差	13	13	13	12	12	12	12	13	12	12	11	
去声	基频均值	179	173	169	170	171	173	176	178	182	187	195	13
	标准差	10	10	10	9	8	9	9	10	10	10	12	

表 3-4　W23 六盘水方言声调的基频均值、标准差（Hz）和样本数（个）

调类	基频	0%	10%	20%	30%	40%	50%	60%	70%	80%	90%	100%	样本数
阴平	基频均值	207	206	208	208	209	209	209	211	216	225	236	9
	标准差	8	7	7	9	10	10	10	12	16	17	18	
阳平	基频均值	186	181	178	175	171	169	167	164	162	160	157	13
	标准差	7	6	6	5	5	4	4	4	5	6	6	
上声	基频均值	197	192	189	188	187	186	184	182	180	178	173	13
	标准差	9	8	8	8	7	6	6	6	6	6	8	
去声	基频均值	177	168	162	160	161	162	164	167	168	172	178	9
	标准差	6	8	7	6	5	5	6	6	6	5	8	

图 3-1 是六盘水方言的基频调形格局图，分别是 M16 的上左图，W21 的上右图，W22 的下左图，W23 的下右图。

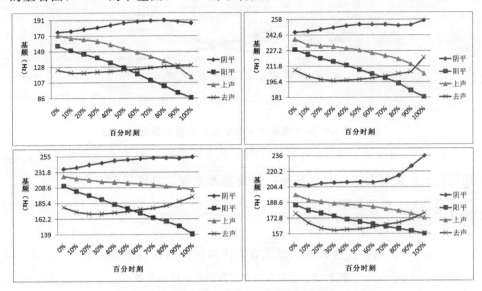

图 3-1　六盘水方言基于基频均值的调形格局图

在图 3-1 中，六盘水方言各发音人的声调拱形清晰可见。先看除 W23 之外的其他三个人的各个声调的拱形。阴平都是一条平中带升的曲拱，位置是最高的，但是男发音人上升的幅度小而女发音人上升的幅度大。作为同是降调的阳平、上声，前者降势大而后者降势小，但是它们的区别特征是在调尾终点处之高低，而非调头的高度。去声是低凹拱形，所有人的声调曲线都有一个很小的降势（或稍平）调头，其中男发音人的降幅更小一些。

再看 W23 的，与前面三位发音人相比，其四个声调的曲拱形态的差别主要在阴平。其阴平的曲拱除了前部趋势与其他人相同之外，后部多了个有较大升势的调尾，而其他三个声调的高度有所降低也正是阴平调尾高升之故。而从表 3-4 中声调基频均值的标准差来看，其最后三个基频时刻点的标准差也偏大，这就表明这三个时刻点的离散度较大。那么，就可以考虑将这三个时刻点排除掉之后再考察其调形格局。图 3-2 是在排除阴平最后三个基频时刻点之后所作的 W23 的调形格局图，从中可以发现其与其他三位发音人的就很相似了。

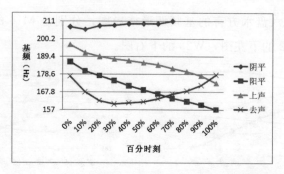

图 3 - 2　W23 六盘水方言基于基频均值的调形格局图

从图 3-2 来看，W23 的阴平、阳平和去声的拱形都与其他三位发音人是相同的了，只有去声，较之其他三位发音人来说，其拱形前部降势更大，显得更像是一个低凹拱形了。

2. 基频标准化

表 3-5 是四位发音人的六盘水方言声调的基频标准化值。

表 3 - 5　六盘水方言声调的基频标准化值

调类	发音人	0%	10%	20%	30%	40%	50%	60%	70%	80%	90%	100%
阴平	M16	1.14	1.19	1.26	1.34	1.43	1.51	1.58	1.61	1.62	1.58	1.52
	W21	1.24	1.29	1.36	1.44	1.52	1.57	1.57	1.57	1.53	1.55	1.74
	W22	0.91	0.96	1.06	1.14	1.21	1.26	1.29	1.32	1.32	1.30	1.35
	W23	1.13	1.07	1.16	1.17	1.21	1.21	1.20	1.27	1.47	1.83	2.23
阳平	M16	0.53	0.31	0.13	−0.05	−0.31	−0.61	−0.96	−1.35	−1.74	−2.23	−2.66
	W21	0.45	0.22	0.04	−0.12	−0.31	−0.54	−0.75	−0.97	−1.25	−1.66	−2.03
	W22	0.21	−0.03	−0.22	−0.43	−0.67	−0.89	−1.12	−1.37	−1.58	−1.86	−2.37
	W23	0.19	−0.07	−0.21	−0.36	−0.52	−0.64	−0.76	−0.91	−1.01	−1.13	−1.28
上声	M16	1.00	0.88	0.83	0.74	0.60	0.42	0.23	0.04	−0.20	−0.55	−1.16
	W21	0.92	0.65	0.61	0.60	0.51	0.42	0.30	0.16	0.01	−0.23	−0.76
	W22	0.60	0.51	0.45	0.39	0.35	0.32	0.29	0.24	0.19	0.13	0.03
	W23	0.67	0.44	0.34	0.27	0.22	0.17	0.10	0.01	−0.09	−0.21	−0.43

（续表）

调类	发音人	0%	10%	20%	30%	40%	50%	60%	70%	80%	90%	100%
去声	M16	−0.72	−0.88	−0.90	−0.86	−0.80	−0.73	−0.68	−0.60	−0.53	−0.49	−0.45
	W21	−0.57	−0.89	−1.06	−1.14	−1.10	−1.04	−0.97	−0.87	−0.76	−0.67	0.06
	W22	−0.81	−1.05	−1.17	−1.16	−1.09	−1.04	−0.94	−0.86	−0.74	−0.54	−0.30
	W23	−0.23	−0.72	−0.99	−1.10	−1.06	−1.03	−0.93	−0.77	−0.68	−0.50	−0.19

根据表 3-5 中的数据，六盘水方言的调形格局见图 3-3，图中的四个小图依上左、上右、下左和下右的顺序分别对应 M16、W21、W22 和 W23。

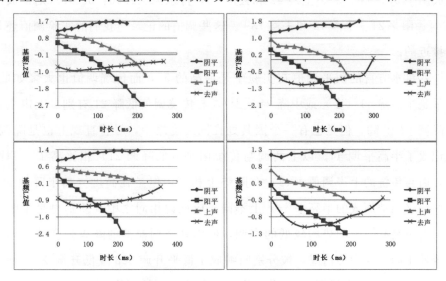

图 3-3　六盘水方言基于基频标准化值的调形格局图

从六盘水方言的调形格局图（图 3-3）来看，相同声调的曲拱形态都是相似的，只是个别有较小的高度差别，也不存在大的性别差异。根据图 3-3 所归纳的六盘水方言的实验调值如表 3-6 所示。

表 3-6　六盘水方言声调的实验调值

发音人	阴平	阳平	上声	去声
M16	55	41	53	33
W21	55	41	42	223
W22	55	41	44	³23
W23	55	31	42	313

在图 3-3、表 3-6 中，能够看到四位发音人基于实验的阴平和阳平调值都非常统一；而上声除了 W22 因降势较小处于同一度之外，其他人也比较统一；互相之间的实验调值差别较大的就只是去声了，且 M16 与其他人的差别尤大。但从总体上来看，四位发音人的实验调值的同一性大于其异质性，从其声调拱形及其调形格局中仍然能找到其共性，也就是说它们都可以作为六盘水方言调形格局的代表。

在对六盘水方言声调的传统研究中，刘光亚（1986：198-203）将其调值记成阴平 55、阳平 21、上声 42 和去声 13，肖永凤（1996：69-81）则记成阴平 44、阳平 21、上声 42 和去声 13①。这些调值的记录与我们的实验调值还是很接近的。

六盘水方言的阴平调值在实验中是最高的 55，而传统调值也大多如此。阳平是半高降 41（多）或中降 31（少），与传统调值低降 21 有别。上声主要是降调 42 和 53，但是也有一个因其处在同一度之中，尽管直观上也是降调，但记成了半高平调 44。以上两调与传统阳平（低降调 21）相比高了一到两度，而与传统的上声调值（42）在降势上相同，但是在高度（高半降调 53）和调形（归纳而成的半高平 44）上不同，应该说相同之中其差别也是很明显的。去声是有一定凹势的较低的声调，但因其声调前部的降势幅度的大小或是否处于同一度中等情况，被分别归纳成了低平升调 223 或低升调³23、低凹（前凹）调 313 和中平调 33。这与传统上全是低升的调值（12、13 和 24）相对来说，实验调值之间的差异更多，不过系统来看，六盘水方言的去声尽管前部有降势，但仍然可以认为是以低升为主（也有少量真正的凹调），这就与传统研究结果中的低升调相合了。

二、调域研究

六盘水方言的调域数据整理放置于表 3-7。

---

① 肖永凤（1996：69-81）关于六盘水方言调值的记录没有贯彻五度制记调法，这是不规范的，但这里不作进一步的讨论。

表 3 - 7　六盘水方言声调调域的最高值、最低值和调域 （Hz）

发音人	最高值	最低值	调域
M16	191	87	104
W21	257	182	75
W22	254	140	114
W23	236	157	79

　　基于表 3 - 7 中的相关调域数据，所有发音人的六盘水方言调域如图 3 - 4 所示。

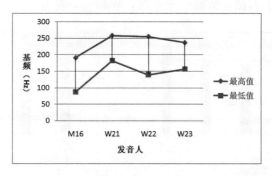

图 3 - 4　六盘水方言声调调域的最高值、最低值和调域图

　　图 3 - 4 显示，四位发音人六盘水方言的调域情况较为复杂，不同于前面的安顺、兴义等方言，W21、W22、W23 调域的极值都相应地高于 M16，但是 W21、W23 的调域又都小于 M16。

三、时长研究

　　六盘水方言声调的时长见表 3 - 8。

表 3 - 8　六盘水方言声调的时长

发音人	时长	阴平	阳平	上声	去声
M16	绝对时长 （单位 ms）	174	213	221	267
	相对时长	0.79	0.97	1.01	1.22
W21	绝对时长 （单位 ms）	257	203	227	300
	相对时长	1.04	0.82	0.92	1.22

（续表）

发音人	时长	阴平	阳平	上声	去声
W22	绝对时长（单位 ms）	269	217	252	346
	相对时长	0.99	0.80	0.93	1.28
W23	绝对时长（单位 ms）	257	187	201	281
	相对时长	1.11	0.81	0.87	1.22

图 3 - 5 是六盘水方言的相对时长图，四位发音人分别对应如下，M16——上左图，W21——上右图，W22——下左图，W23——下右图。

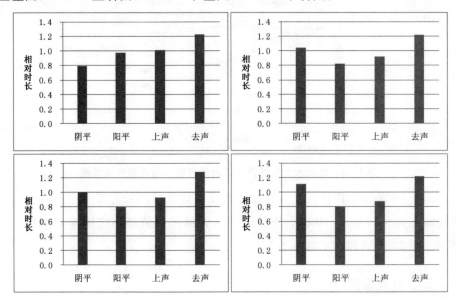

图 3 - 5 六盘水方言声调的相对时长图

除了 M16 之外，所有女发音人的声调时长（见表 3 - 8 和图 3 - 5）顺序相当统一，都是去声最长，阳平最短，第二长的是阴平，再就是上声。而在男性发音人的声调时长中，除了阴平最短之外，阳平、上声和去声时长排序与女发音人的结果一致。除了阴平之外，六盘水方言具有与贵阳、兴义方言相同的曲折调与（＞）非曲折调的关系，而且又有平调长于降调、同拱形中高调比低调长等特征。

第二节　铜仁方言

　　铜仁市地处黔湘渝三省市接合部、武陵山区腹地，是西南地区连接中部和东部的桥头堡，素有"黔东门户"之称。全市辖碧江区、万山区、松桃苗族自治县、玉屏侗族自治县、江口县、石阡县、印江土家族苗族自治县、思南县、德江县、沿河土家族自治县、大龙开发区、贵州铜仁高新技术产业开发区，总面积 18003 平方千米，2021 年末户籍人口 449.30 万，聚居着土家、汉、苗、侗、仡佬等 29 个民族。

　　铜仁方言的传统研究成果主要有《铜仁地区汉语方言内部差异及成因》（萧黎明，2007）、《铜仁方言与文化研究》（萧黎明，2009）、《铜仁方言重叠式名词研究》（王彬，2009）、《铜仁方言与普通话重叠式名词结构对比分析》（王彬，2013）等。实验研究成果有《"西五县"方言单字的声调格局》（萧黎明、王彬，2014）等。在铜仁方言的传统研究中，较为详细研究声调现象的并不多，值得重视的铜仁方言声调的实验研究目前只有上述一篇文章。《"西五县"方言单字的声调格局》（萧黎明、王彬，2014：69-74）对铜仁"西五县"方言的声调进行了较为详细的实验分析，认为"西五县"方言的新派声调与传统研究结果基本相同，但相对于老派已经发生了一定的变化。该文是较早对铜仁方言进行的声调实验研究，对于铜仁方言的实验研究有一定的促进作用。总体上来看，有关铜仁方言的研究成果并不十分丰富。传统上铜仁方言阴平、阳平、上声和去声四个声调的调值常常都分别记作 55、212、42 和 24。铜仁方言声调实验研究的四位发音人为 M2、M3 和 W5、W6，包含了老派和新派方言。

一、基频研究

1. 原始基频

表 3-9 至表 3-12 是所有发音人的铜仁方言声调的基频数据。

表 3-9　M2 铜仁方言声调的基频均值、标准差（Hz）和样本数（个）

调类	基频	0%	10%	20%	30%	40%	50%	60%	70%	80%	90%	100%	样本数
阴平	基频均值	130	130	132	133	135	136	137	138	138	137	133	10
	标准差	8	8	9	9	9	9	9	8	8	7	7	
阳平	基频均值	97	92	91	91	91	92	93	94	95	96	97	13
	标准差	3	2	2	3	3	4	4	4	4	4	3	
上声	基频均值	146	145	144	141	136	128	119	109	103	97	93	13
	标准差	8	8	7	6	5	6	5	5	5	4	3	
去声	基频均值	97	97	98	101	105	111	118	123	127	129	131	12
	标准差	4	6	8	10	11	11	10	8	7	7	8	

表 3-10　M3 铜仁方言声调的基频均值、标准差（Hz）和样本数（个）

调类	基频	0%	10%	20%	30%	40%	50%	60%	70%	80%	90%	100%	样本数
阴平	基频均值	151	148	150	153	156	158	160	162	164	165	166	9
	标准差	7	5	6	7	6	7	7	7	6	6	7	
阳平	基频均值	120	112	111	111	110	112	113	113	113	113	113	10
	标准差	9	7	7	7	8	8	8	9	8	8	9	
上声	基频均值	194	193	191	187	180	173	165	155	143	127	104	13
	标准差	21	21	21	22	21	19	17	15	12	10	11	
去声	基频均值	105	98	98	104	110	118	124	132	140	147	151	13
	标准差	5	6	8	9	10	10	11	12	11	11	11	

表 3－11　W5 铜仁方言声调的基频均值、标准差（Hz）和样本数（个）

调类	基频	0%	10%	20%	30%	40%	50%	60%	70%	80%	90%	100%	样本数
阴平	基频均值	247	243	244	245	246	248	249	249	248	243	242	9
	标准差	4	3	3	3	3	4	4	5	5	5	7	
阳平	基频均值	207	198	195	194	194	194	194	192	190	187	186	12
	标准差	10	8	7	7	7	7	6	6	5	5	4	
上声	基频均值	268	267	266	262	255	245	231	217	204	194	187	14
	标准差	13	13	12	11	10	10	9	7	6	4	4	
去声	基频均值	208	197	196	198	203	209	215	220	226	231	234	13
	标准差	8	6	5	4	3	4	5	6	7	7	7	

表 3－12　W6 铜仁方言声调的基频均值、标准差（Hz）和样本数（个）

调类	基频	0%	10%	20%	30%	40%	50%	60%	70%	80%	90%	100%	样本数
阴平	基频均值	293	293	291	292	295	298	300	303	305	311	319	8
	标准差	28	17	15	16	19	19	19	20	21	22	21	
阳平	基频均值	205	199	193	188	185	185	188	192	200	207	212	11
	标准差	18	15	11	11	10	11	13	12	12	12	13	
上声	基频均值	322	327	331	325	313	292	262	223	191	161	132	11
	标准差	25	29	30	24	20	15	12	13	12	10	13	
去声	基频均值	207	202	192	187	187	191	199	216	243	279	311	13
	标准差	17	16	11	10	12	13	16	21	20	29	29	

　　基于基频均值的铜仁方言的调形格局见图 3－6（上左图是 M2，上右图是 M3，下左图是 W5，下右图是 W6）。

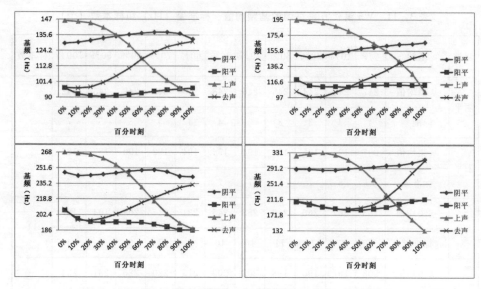

图 3 - 6 铜仁方言基于基频均值的调形格局图

在不同发音人的铜仁方言声调的曲拱（图 3 - 6）中，阴平是平中微升，个别带轻微的降尾，所处位置在调域的中上部。阳平表现为低平拱形，男发音人和 W6 后部带轻微的升势，而 W5 却带轻微的降势。上声是全降调，前部调头稍平，后部直降，总体上表现为弯降形。去声是低升拱形，且都表现出了较小的带有降势的调头（发音人 W6 除外），但是男发音人的降势比女发音人的降势要小。

2. 基频标准化

表 3 - 13 是四位发音人的铜仁方言声调的基频标准化值。

表 3 - 13 铜仁方言声调的基频标准化值

调类	发音人	0%	10%	20%	30%	40%	50%	60%	70%	80%	90%	100%
阴平	M2	0.65	0.68	0.73	0.79	0.86	0.91	0.95	0.98	0.98	0.94	0.78
	M3	0.38	0.30	0.35	0.44	0.52	0.60	0.64	0.70	0.74	0.76	0.80
	W5	1.05	0.92	0.94	0.98	1.03	1.10	1.14	1.14	1.08	0.90	0.89
	W6	0.95	0.97	0.94	0.96	1.00	1.03	1.07	1.11	1.14	1.21	1.33
阳平	M2	−0.93	−1.18	−1.26	−1.28	−1.25	−1.21	−1.14	−1.07	−1.01	−0.97	−0.93
	M3	−0.63	−0.91	−0.97	−0.96	−0.98	−0.93	−0.89	−0.86	−0.87	−0.89	−0.88

（续表）

调类	发音人	0%	10%	20%	30%	40%	50%	60%	70%	80%	90%	100%
阳平	W5	−0.49	−0.87	−1.01	−1.04	−1.03	−1.03	−1.04	−1.12	−1.24	−1.39	−1.40
	W6	−0.59	−0.73	−0.86	−0.96	−1.03	−1.03	−0.97	−0.87	−0.69	−0.54	−0.45
上声	M2	1.30	1.27	1.23	1.11	0.90	0.59	0.17	−0.27	−0.62	−0.94	−1.16
	M3	1.46	1.43	1.39	1.29	1.13	0.96	0.76	0.50	0.13	−0.38	−1.23
	W5	1.75	1.72	1.67	1.56	1.33	0.98	0.48	−0.08	−0.63	−1.05	−1.35
	W6	1.37	1.43	1.48	1.41	1.24	0.95	0.44	−0.21	−0.90	−1.65	−2.50
去声	M2	−0.91	−0.95	−0.90	−0.74	−0.49	−0.20	0.12	0.35	0.53	0.63	0.70
	M3	−1.20	−1.50	−1.48	−1.25	−0.99	−0.71	−0.48	−0.22	0.05	0.25	0.38
	W5	−0.46	−0.93	−0.96	−0.85	−0.66	−0.41	−0.16	0.05	0.27	0.46	0.57
	W6	−0.54	−0.65	−0.87	−0.98	−0.98	−0.90	−0.72	−0.38	0.14	0.74	1.22

以表 3-13 为基础数据作的铜仁方言的调形格局见图 3-7，上行的左图为 M2、右图为 M3，下行的左图为 W5、右图为 W6。

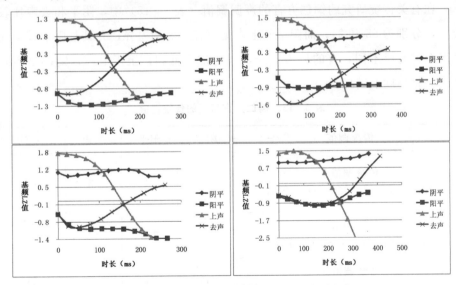

图 3-7　铜仁方言基于基频标准化值的调形格局图

从图 3-7 和表 3-14 可以考察，除了 W6 之外，其他发音人相同调类的实验调值虽然略存差异，但各声调拱形的基本趋势是相同的。而 W6 各声调实验调值的表现则是大多高于其他发音人，例如阴平、阳平和去声等。如果从其调形格局来看，W6 各调值较高，主要还是在于其上声降得特别低，从而把其他声调的调值推高了。从四位发音人的调形格局来看，W6 由于上声的原因，致使其调形格局发生了异化，据此可以认为她的调形格局相对于其他人并不具有代表性。从另一个角度来说，W6 调形格局与其他人调形格局差别较大的原因应该也是其个人风格造成的。

铜仁方言的调形格局（图 3 - 7）中，除了 W6 之外，其他发音人相同声调的曲拱走势差别并不大，只有细微的高度之别。表 3 - 14 所显示的是铜仁方言的本次声调实验的调值（根据图 3 - 7）。

表 3 - 14　铜仁方言声调的实验调值

M2	45	11	51	14
M3	44	21	51	14
W5	44	^{2}11	51	^{2}14
W6	55	323	51	325

在有关传统研究的铜仁方言的声调调值（表 3 - 15）中，阴平和去声比较统一，分别为 55 和 24；而阳平和上声则存在一定的差异，尤其是阳平甚至在拱形上都有所不同，有的记为低降，有的记为低凹；至于上声，则都是高降调，只是高度上稍异。

表 3 - 15　铜仁方言声调的传统调值

传统调值	阴平	阳平	上声	去声
传统调值 1 （贵州省地方志编纂委员会，1998：46）	55	21	53	24
传统调值 2 （萧黎明，2007：64-68，75）	55	212	42	24
传统调值 3 （萧黎明，2009：37）	55	21	42	24

在对铜仁方言实验调值的概括中可知，阴平显然是高而平且带升势的声调，但在调域或格局中跨度有别，故其调值有 55、44 和 45 之异，这与传统

中把阴平记成最高的高平 55 同中带异（可以认为仅在升势上）。阳平大多记为低平调 11 或带有降调头的低平调²11 或低降调 21，不过也有一个记成了低凹调 323 的；而这些调值与传统上（21 或 212）也有所对应。两相对比，可以看到阳平应该倾向于就是一种低平或低降调（有凹势的也因其凹势小可以忽略）。上声的实验调值相当统一，都是全降调 51，对应于传统调值的或高半降 53 或半高降 42，除了调尾高低有别之外，无论是拱形还是高度都较一致。去声因其升势显著却略带降调头而多记为较低的升调 14 或²14，它跟传统调值非常契合；区别较大的是 W6，因其较突出的凹势而记作前凹调 325，而在升势上又与传统相似，尽管传统记录中没有凹调的记录或说明。

二、调域研究

铜仁方言所有发音人的调域数据列于表 3-16。

表 3-16　铜仁方言声调调域的最高值、最低值和调域（Hz）

发音人	最高值	最低值	调域
M2	146	91	55
M3	194	98	96
W5	268	186	82
W6	331	185	146

图 3-8 是铜仁方言调域图（基于表 3-16 的调域数据）。

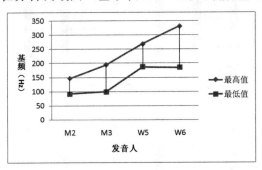

图 3-8　铜仁方言声调调域的最高值、最低值和调域图

在图 3-8 铜仁方言四位发音人的调域中，极值一如既往是女发音人大于男发音人，但是同性别发音人中，极值中的最高值之间的差别大于最低值。

同时，又出现了诸如贵阳、六盘水方言的特殊情况，即 M3 作为男发音人，其调域大于 W5。

三、时长研究

表 3-17 为铜仁方言发音人各个声调的时长数据。

表 3-17　铜仁方言声调的时长

发音人	时长	阴平	阳平	上声	去声
M2	绝对时长（单位 ms）	261	277	205	266
	相对时长	1.03	1.10	0.81	1.06
M3	绝对时长（单位 ms）	267	328	222	358
	相对时长	0.91	1.12	0.76	1.22
W5	绝对时长（单位 ms）	246	267	227	262
	相对时长	0.98	1.07	0.91	1.05
W6	绝对时长（单位 ms）	366	362	310	411
	相对时长	1.01	1.00	0.86	1.13

铜仁方言声调的相对时长图见图 3-9，其中上左图、上右图、下左图和下右图分别与 M2、M3、W5、W6 对应。

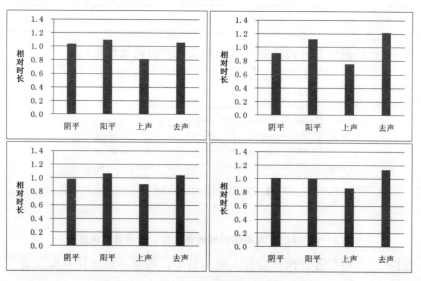

图 3-9　铜仁方言声调的相对时长图

在四位发音人的声调时长（见表 3-7、图 3-9）中，上声皆为最短，其他声调中阳平、去声至阴平的时长长短之序见于 M2 和 W5；而在 M3 和 W6 中，最长的是去声，而前者阳平长于阴平，后者刚好倒过来。尽管不同发音人声调系统中各声调的时长顺序都不尽相同，但仍然可以从中看到铜仁方言时长对应拱形的部分规律，那就是降拱都短于曲拱或平拱。

第四章

西南官话西蜀片

贵州省内西南官话西蜀片的代表方言点是遵义方言和赤水方言，本章对其声调的基频和时长进行相关的声学分析。

第一节　遵义方言

遵义市位于贵州省北部，东与铜仁市交界，南与黔东南苗族侗族自治州、黔南布依族苗族自治州、贵阳市相邻，西南、西北部与毕节市、四川省泸州市毗连，北与重庆市接壤。遵义市辖 3 个区、7 个县、2 个民族自治县、2 个代管市和 1 个新区。即红花岗区、汇川区、播州区，桐梓县、绥阳县、正安县、凤冈县、湄潭县、余庆县、习水县，道真仡佬族苗族自治县、务川仡佬族苗族自治县，仁怀市、赤水市和新蒲新区，共有 253 个乡镇（街道）。全市总面积 30762 平方千米，2021 年常住总人口 659.23 万人。

有关遵义方言的研究成果是比较丰富的，传统研究成果如《遵义方言中的古汉语词汇述例》（赵世民，1985）、《遵义方言音系的特点》（薛国富，1990）、《遵义方言的儿化韵》（胡光斌，1994）、《遵义方言的"X 都 XP 了"》（胡光斌，2011）、《遵义市城区青少年入声字的变异》（陈遵平，2006）等；其实验研究的成果如《遵义方言单字调实验研究》（明茂修，2009）和《遵义方言两字组变调的声学实验》（胡伟，2011）等。和传统研究成果相比，遵义方言的实验研究成果是比较少的。遵义方言包含阴平、阳平、上声和去声四个声调，其四声调值一般描述为阴平 55、阳平 21、上声 42 和去声 13。遵义方言声调实验研究的三位发音人为 W1 和 W3、W4，前者属于老派而后者属于新派。

一、基频研究

1. 原始基频

表 4-1、表 4-2 和表 4-3 是遵义方言声调的基频数据。

表 4-1　W1 遵义方言声调的基频均值、标准差（Hz）和样本数（个）

调类	基频	0%	10%	20%	30%	40%	50%	60%	70%	80%	90%	100%	样本数
阴平	基频均值	231	231	237	240	243	242	243	243	242	242	255	9
	标准差	13	8	8	7	7	7	7	4	3	6	11	
阳平	基频均值	209	197	192	187	181	176	169	162	154	147	138	12
	标准差	7	6	5	4	4	4	5	5	5	6	8	
上声	基频均值	238	236	233	229	220	207	193	177	163	151	140	13
	标准差	8	10	10	11	11	9	9	8	8	8	8	
去声	基频均值	194	180	185	190	196	202	207	209	213	212	227	12
	标准差	8	8	9	9	8	8	7	7	7	5	11	

表 4-2　W3 遵义方言声调的基频均值、标准差（Hz）和样本数（个）

调类	基频	0%	10%	20%	30%	40%	50%	60%	70%	80%	90%	100%	样本数
阴平	基频均值	215	214	216	220	224	229	235	241	247	252	255	10
	标准差	6	7	8	8	8	9	10	11	12	13	13	
阳平	基频均值	216	211	208	206	202	198	193	187	183	178	174	13
	标准差	4	4	5	5	4	4	4	4	4	4	5	
上声	基频均值	235	232	231	229	226	221	216	207	197	186	179	13
	标准差	7	6	5	4	3	4	4	4	5	5	6	

（续表）

调类	基频	0%	10%	20%	30%	40%	50%	60%	70%	80%	90%	100%	样本数
去声	基频均值	197	186	183	184	187	191	195	198	200	200	202	13
	标准差	5	5	5	6	6	7	7	5	5	6	5	

表4-3　W4遵义方言声调的基频均值、标准差（Hz）和样本数（个）

调类	基频	0%	10%	20%	30%	40%	50%	60%	70%	80%	90%	100%	样本数
阴平	基频均值	211	203	206	212	219	225	230	234	239	244	251	8
	标准差	8	7	8	9	10	9	10	9	9	10		
阳平	基频均值	219	211	207	205	202	199	196	191	185	177	169	13
	标准差	7	7	6	7	7	8	7	9	9	10	15	
上声	基频均值	229	223	222	222	221	221	218	214	207	199	188	13
	标准差	8		8	9	9	9	6	6	6	7	11	
去声	基频均值	211	195	187	181	185	192	193	193	196	204	218	8
	标准差	10	9	8	11	11	9	10	9	8	9	8	

　　图4-1是遵义方言所有发音人（W1的是上面一行的左图，W3的是上面一行的右图，W4则为下图）的根据基频的平均值所作的调形格局图。

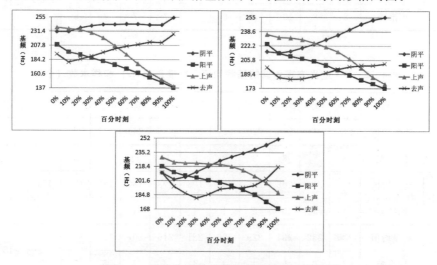

图4-1　遵义方言基于基频均值的调形格局图

从图 4-1 中的遵义方言声调基频曲拱来看，阴平是高升拱形，W1 与 W3、W4 的区别在于其拱形除了一个升的调头和调尾之外更为趋平。同为降曲拱的阳平和上声，在 W1 那里因其调头高度不同，而调尾高度相同，使阳平整体上比上声低一些；而 W3、W4 的阳平和上声在调头和调尾高度上差别不大（W4 调尾要高一度）。从图 4-1 能够看到阳平和上声这两个声调的一个重要区别特征应该是上声为弯降拱形，阳平则为直降拱形。去声是低凹拱形，W1 与 W3 的前部降势较小，W4 则较大，对它们进行概括的话，前者可以是低升调，后者可以是低凹调。

2. 基频标准化

表 4-4 是三位发音人的遵义方言声调的基频标准化值。

表 4-4　遵义方言声调的基频标准化值

调类	发音人	0%	10%	20%	30%	40%	50%	60%	70%	80%	90%	100%
阴平	W1	0.76	0.76	0.92	1.01	1.07	1.06	1.08	1.09	1.05	1.06	1.36
	W3	0.32	0.25	0.36	0.54	0.75	1.00	1.25	1.54	1.81	2.02	2.15
	W4	0.10	-0.30	-0.17	0.14	0.48	0.82	1.03	1.24	1.45	1.68	1.99
阳平	W1	0.14	-0.22	-0.38	-0.55	-0.73	-0.94	-1.17	-1.44	-1.73	-2.06	-2.46
	W3	0.37	0.11	-0.04	-0.17	-0.34	-0.59	-0.89	-1.18	-1.46	-1.72	-1.99
	W4	0.48	0.12	-0.08	-0.21	-0.36	-0.51	-0.71	-1.00	-1.32	-1.83	-2.35
上声	W1	0.94	0.89	0.83	0.70	0.46	0.09	-0.36	-0.89	-1.40	-1.89	-2.35
	W3	1.27	1.12	1.10	1.01	0.83	0.60	0.34	-0.08	-0.65	-1.27	-1.71
	W4	0.99	0.71	0.67	0.67	0.62	0.59	0.48	0.26	-0.10	-0.54	-1.18
去声	W1	-0.34	-0.79	-0.63	-0.46	-0.25	-0.07	0.07	0.15	0.26	0.24	0.65
	W3	-0.63	-1.29	-1.41	-1.38	-1.21	-0.98	-0.75	-0.58	-0.50	-0.50	-0.38
	W4	0.10	-0.79	-1.22	-1.58	-1.32	-0.95	-0.85	-0.87	-0.69	-0.28	0.46

遵义方言的调形格局见图 4-2，本图上部左面的图是 W1，右面的图是 W3，下部的图是 W4。

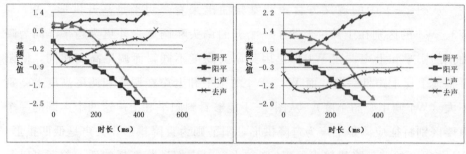

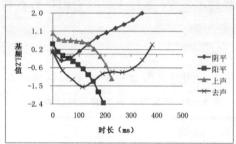

图 4-2　遵义方言基于基频标准化值的调形格局图

图 4-2 显示，W1 的调形格局与其他发音人的调形格局有一定的区别，不仅在拱形上，在高度上也存在。表 4-5 是在图 4-2 基础上概括的遵义方言的实验语音学调值。

表 4-5　遵义方言声调的实验调值

发音人	阴平	阳平	上声	去声
W1	55	41	551	34
W3	35	31	441	²12
W4	35	41	442	324

考察图 4-2 和表 4-5 可见，遵义方言的调形格局和实验调值都明显地分成了两个类型：其一是以阴平高平调并配以去声中升或中凹调为主要特点的类型，以 W1 为代表，属于老派遵义方言；另一个是以阴平高升调和去声低升/凹调为主要特点的类型，以 W3、W4 为代表，属于新派遵义方言。在这两个类型各自的调形格局中，阳平和上声的拱形都没有本质的区别，相差的仅仅是高度的不同。但是也可以看到，无论老派还是新派，阳平的表现是直降拱形，而上声则是弯降拱形。遵义方言当中的这两种调形格局分别可以作

为老派和新派调形格局的代表。

从与传统研究的遵义方言声调调值（见表 4 - 6）的对比中来看，实验调值与传统研究的调值之间有同也有异，但主要还是共性大于差异，当然也存在部分声调的调值在高度（如阳平）和拱形（如上声）上面的差别。

表 4 - 6　遵义方言声调的传统调值

传统调值	阴平	阳平	上声	去声
传统调值 1 （刘光亚，1986：198-203）	55	21	42	13
传统调值 2 （薛国富，1990：15-20）	55	21	42	12
传统调值 3 （遵义市志编纂委员会，1998：165，2164-2165）	55	21	42	24
传统调值 4 （陈章太、李行健，1996：1537）	55	21	53	24

在遵义方言的实验调值中，阴平既有高平调 55，也有高升调 35，代表老派的前者与传统研究的结果无别。阳平和上声都是降调，但前者是直降调，后者是弯降调。而传统调值中阳平是低降调 21，比实验调值要低得多；而上声是高降调，这与实验调值有相似之处，但没有记录出实验调值中的弯降趋势。去声的调值或升调 34/²12，或凹调 324，但是无论何类拱形，其调头都存在一个或大或小的降势，这是传统调值所没有的。

对于遵义方言声调的实验研究，明茂修（2009：56-61）曾以一个新派发音人的材料做过，当时得到的调值是阴平 45、阳平 42、上声 52 和去声 22。这些调值与本次新派的调值是很相近的，尤其是阴平作高升调。在对遵义方言声调的实验研究以及与传统调值的对比中可以看到，阳平和上声的调值相对稳定，变化较大的是阴平和去声的调值。对于这个现象，可以运用声调演变的观点来进行探讨。在老派方言的调形格局中，阴平是高平调 55，而去声是低升调 12/13/24，两者具有最大的区别度。然而在新派方言中，阴平变成了高升调 35/45，这个变化最可能的来源是老派方言阴平中的微升的调头，根本的原因应该还在于发声初始态的影响。由此也可以推测，在遵义方言的新派方言中，最先发生变化的应该就是阴平，如前所述，这最为自然，也最易于理解。当阴平由老派的高平调变成高升调之后，作为升调的去声就与同为升调的阴平降低了区别度，就容易发生混淆。要解决这个矛盾，要么使两类声调合并，要么加大它们的区别度。从新派方言去声的调值来看，很显然选择了后者。去声或增加声调前部的曲折，变成曲折调，或降低调尾的高度，向低平调变化。从所有新派发音人的调形格局来看，阴平的调值演变可能已经趋于完成，但去声的调值或许正处于变化当中，其调形格局的最终稳定或尚需时日。

二、调域研究

表4-7为遵义方言声调的调域数据。

表4-7 遵义方言声调调域的最高值、最低值和调域（Hz）

发音人	最高值	最低值	调域
W1	255	138	117
W3	255	174	81
W4	251	169	82

图4-3是三位发音人的遵义方言声调调域图，主要是依据表4-7中的调域数据来作的。

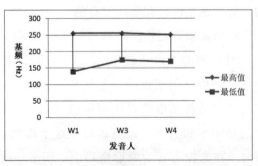

图4-3 遵义方言声调调域的最高值、最低值和调域图

遵义方言的调域图（图4-3）显示出了三位发音人的调域都较大，但是最高值之间差别极小，最低值之间更大，特别是W1，这又与前述铜仁等方言有别。

三、时长研究

表4-8是发音人W1、W3、W4遵义方言声调的时长数据，包括绝对时长和相对时长。

表4-8 遵义方言声调的时长

发音人	时长	阴平	阳平	上声	去声
W1	绝对时长（单位 ms）	430	395	430	481
	相对时长	0.99	0.91	0.99 ↑	1.11
W3	绝对时长（单位 ms）	363	341	379	490
	相对时长	0.92	0.87	0.96	1.25
W4	绝对时长（单位 ms）	342	195	227	383
	相对时长	1.19	0.68	0.79	1.33

在女发音人W1同W3、W4的绝对时长之间，在相同调类的情况下，可以发现前者的时长都大于后者，但W1的去声却短于W3。图4-4是根据表4-8的数据所刻画的遵义方言声调的相对时长图，上左图属于W1，上右图属于W3，下图属于W4。

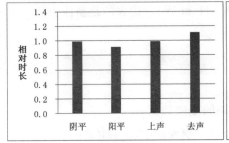
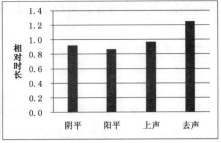
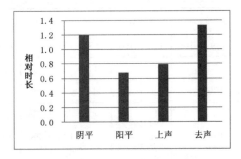

图4-4 遵义方言声调的相对时长图

基于实验分析的贵州汉语方言声调类型特征研究

三位发音人最为统一的方面，一是去声时长最长，二是阳平时长最短，这从表4-8和图4-4很容易得到。对于个别发音人来说，W1和W3还表现为上声第二长，阴平第三，而W4正好与此相对。其中W1和W3各声调时长的顺序与明茂修（2009：56-61）早前所做的实验研究结果也是相同的。只看拱形和时长，遵义方言中则有曲拱最长，降拱最短，升拱居其中；而同是降拱，弯降拱形又较直降拱形为长。

第二节　赤水方言

赤水市位于贵州遵义西北部，地处云贵高原与四川盆地的过渡地带，东、东南与贵州习水县接壤，西北分别与四川省的古蔺县、叙永县、合江县三县交界，全市总面积1852平方千米，常住人口247287人（2020年）。

目前所见到的有关赤水方言的研究成果不多，主要有《赤水方言的连读变调》（陈遵平、兰卡佳，1996）、《赤水（白云）方言的语音特点》（陈遵平，2002）、《赤水方言的儿化韵》（陈遵平，2008）和《赤水方言志》（陈遵平，2012）等。除了以上传统研究成果，未见有关实验研究的赤水方言研究成果。赤水方言声调实验研究的两位发音人为M1和W2，代表的是新派方言。

一、基频研究

1. 原始基频

表4-9和表4-10是赤水方言声调的基频数据。

表4-9　M1赤水方言声调的基频均值、标准差（Hz）和样本数（个）

调类	基频	0%	10%	20%	30%	40%	50%	60%	70%	80%	90%	100%	样本数
阴平	基频均值	99	99	100	103	106	108	111	112	114	116	123	10
	标准差	10	7	6	5	5	4	4	5	6	7	10	
阳平	基频均值	102	100	99	98	97	95	92	90	87	83	78	8
	标准差	5	5	5	4	4	3	3	2	1	2		
上声	基频均值	106	108	108	108	107	105	102	98	93	87	79	12
	标准差	9	7	6	6	5	5	5	5	5	4	3	

62

（续表）

调类	基频	0%	10%	20%	30%	40%	50%	60%	70%	80%	90%	100%	样本数
去声	基频均值	89	84	81	81	83	85	87	88	89	91	97	10
	标准差	4	3	3	4	6	7	8	6	6	6	10	
入声	基频均值	99	98	98	98	98	99	100	100	100	100	99	12
	标准差	6	4	3	3	3	3	3	3	4	4	4	

表 4 - 10　W2 赤水方言声调的基频均值、标准差（Hz）和样本数（个）

调类	基频	0%	10%	20%	30%	40%	50%	60%	70%	80%	90%	100%	样本数
阴平	基频均值	248	247	249	249	250	251	252	253	253	254	257	10
	标准差	5	5	4	5	6	7	7	8	9	10	11	
阳平	基频均值	237	234	231	228	224	220	215	209	204	197	191	8
	标准差	5	4	3	4	4	4	3	3	4	4	3	
上声	基频均值	251	250	248	245	241	236	228	221	211	202	194	13
	标准差	10	9	8	7	7	6	6	5	5	5	6	
去声	基频均值	228	216	213	211	209	208	206	204	203	203	211	13
	标准差	7	6	5	5	5	5	5	5	5	4	8	
入声	基频均值	230	229	228	228	226	225	224	224	222	222	224	13
	标准差	7	6	5	4	5	5	5	5	5	5	5	

与基频均值相关的赤水方言声调的调形格局可见图 4 - 5，左边的图为 M1，右边的图为 W2。

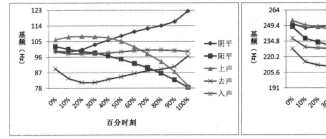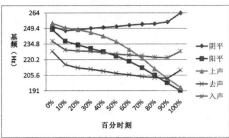

图 4 - 5　赤水方言基于基频均值的调形格局图

赤水方言不同发音人的基频拱形有很强的一致性，阴平拱形曲线呈上升趋势，性别之间的区别在于男性升势较大而女性升势较小。阳平、上声皆为调头和调尾高度极相近的降拱形，它们唯一的差异仅在于阳平是直降的而上声是弯降的。去声是低凹拱形，但男性主要表现为升势，其前部的降势较小；而女性主要表现为降势，调尾处升势较小。入声拱形的既平且直是其基本形态，男性与女性发音人的分歧是后者还存在微小的降势。

2. 基频标准化

表 4-11 是赤水方言声调的基频标准化值。

表 4-11　赤水方言声调的基频标准化值

调类	发音人	0%	10%	20%	30%	40%	50%	60%	70%	80%	90%	100%
阴平	M1	0.10	0.08	0.21	0.46	0.68	0.88	1.06	1.21	1.33	1.50	1.93
	W2	1.16	1.10	1.19	1.23	1.28	1.33	1.39	1.43	1.46	1.50	1.68
阳平	M1	0.36	0.23	0.13	0.04	-0.11	-0.28	-0.51	-0.73	-1.06	-1.45	-1.92
	W2	0.52	0.31	0.13	-0.07	-0.31	-0.58	-0.90	-1.30	-1.69	-2.17	-2.62
上声	M1	0.67	0.81	0.85	0.83	0.78	0.60	0.36	0.00	-0.42	-0.97	-1.86
	W2	1.30	1.23	1.12	0.95	0.74	0.42	-0.04	-0.56	-1.21	-1.82	-2.42
去声	M1	-0.81	-1.35	-1.62	-1.60	-1.42	-1.29	-1.09	-0.93	-0.83	-0.68	-0.16
	W2	-0.08	-0.88	-1.08	-1.17	-1.31	-1.43	-1.54	-1.66	-1.73	-1.79	-1.23
入声	M1	0.11	0.01	0.00	0.03	0.06	0.10	0.16	0.19	0.19	0.16	0.12
	W2	0.07	-0.03	-0.06	-0.10	-0.18	-0.25	-0.31	-0.35	-0.43	-0.47	-0.32

图 4-6 为赤水方言之调形格局（基于表 4-11），其中左侧的图是 M1，右侧的图是 W2。

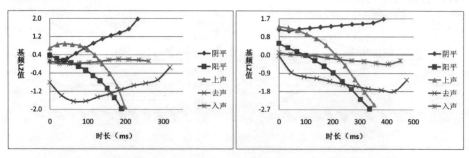

图 4-6　赤水方言基于基频标准化值的调形格局图

从赤水方言的调形格局（图 4-6）不难发现，赤水方言的发音人（不分性别）同一个调类声调的曲拱绝大多数都一样，当然在阴平、去声中也存在明显的差异。赤水方言的实验调值（根据图4－6总结）可见表4－12。

表4－12　赤水方言声调的实验调值

发音人	阴平	阳平	上声	去声	入声
M1	35	31	441	213	33
W2	55	41	51	322	⁴33

　　图4－6和表4－12显示出除了个别调值相同或相近之外，两位发音人的调形格局还是存在较大的差异。其中阴平存在高升和高平的差异，上声存在直降或弯降的区别，而去声一个体现升势一个体现降势。

　　结合传统调值（见表4－13）的情况来看，实验调值与传统调值既有较大的一致性，也存在一定的差异。

表4－13　赤水方言声调的传统调值

传统调值	阴平	阳平	上声	去声	入声
传统调值1 （陈遵平、兰卡佳，1996：1-3）	55	21	42	13	33
传统调值2 （陈遵平，2008：26-32）	55	31	42	13	33
传统调值3 （陈遵平，2012：11-12）	55	21（31）	42	13	33

　　在赤水方言的实验调值（表4－12）中，阴平既有记作高升调35的，也有记作高平调55的，而55调同传统调值是一样的，但传统调值中并没有记作高升调35的。阳平是中降调31或半高降调41，这是和传统调值21/31相同或相近的。与阳平一样同为降调的上声在性别中体现出了差异，男发音人是较低的弯降调441，而女发音人是弯降不明显的缓降调51，两者都与传统调值存在一定的差异。如果将同为降调的阳平和上声比较来看，前者是直降拱形，后者则是弯（缓）降拱形。去声都表现为曲折拱形，但男发音人是前低后高的低降升调213，而女发音人是前高后低的低降调322。这与传统中记为低升调的调值都有差异。入声的调值有的记为标准的中平调33，有的则是带有轻微降调头的中平调⁴33，其整体表现与传统调值没有什么大分歧。

二、调域研究

表 4 - 14 是 M1 和 W2 的赤水方言声调的调域数据。

表 4 - 14   赤水方言声调调域的最高值、最低值和调域（Hz）

发音人	最高值	最低值	调域
M1	123	78	45
W2	257	191	66

根据表 4 - 14 所作的赤水方言的调域图见图 4 - 7。

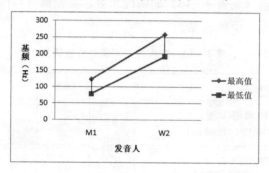

图 4 - 7   赤水方言声调调域的最高值、最低值和调域图

在赤水方言声调的调域分布图（图 4 - 7）中，男女两性发音人的调域都较小，M1 尤小（仅 45Hz），男女两性调域的极值也相差较大。

三、时长研究

表 4 - 15 是 M1、W2 赤水方言声调的绝对和相对时长。

表 4 - 15   赤水方言声调的时长

发音人	时长	阴平	阳平	上声	去声	入声
M1	绝对时长（单位 ms）	232	191	199	318	262
	相对时长	0.97	0.79	0.83	1.32	1.09
W2	绝对时长（单位 ms）	388	337	353	475	452
	相对时长	0.97	0.84	0.88	1.18	1.13

在图 4-8（基于表 4-15）中，左边的相对时长图是 M1，右边的相对时长图是 W2。

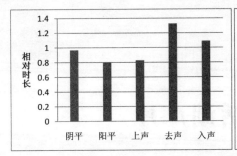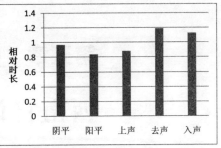

图 4-8　赤水方言声调的相对时长图

通过表 4-15 的数据，特别是图 4-8 的相对时长图直观可知，所有发音人各声调的时长顺序表现出了极大的一致性，其时长大小顺序为去声＞入声＞阴平＞上声＞阳平。据陈遵平（2012：12）《赤水方言志》中的介绍，赤水方言的入声是短促调，但从实验结果来看，入声并不短促，其时长仅次于去声，比其他声调都要长。究其原因，可能是实验用的发音人属于新派，而新派方言的入声已经舒化了。整体上来看，赤水方言中曲折调仍然为最长，同时升调或平调长于降调，同为降调的，弯（缓）降则又长于直降。

第五章

西南官话湖广片

本章主要是对属于西南官话湖广片的玉屏方言、剑河方言和黎平方言声调的基频和时长等进行研究。

第一节 玉屏方言

玉屏侗族自治县属铜仁市，东南依湖南省新晃侗族自治县，西邻镇远县、岑巩县，北边与铜仁市、万山特区接壤，总面积 523.78 平方千米，县人民政府驻地为平溪街道。全县辖 4 个街道、3 个镇、1 个乡，2020 年末总人口150457 人，其中侗族 107922 人，占总人口的 71.73%。

玉屏方言在贵州省的地位比较特殊，在贵州省内行政上虽然属于铜仁市，但其方言却区别于铜仁方言，反而与其南部数县方言相同（刘光亚，1986：198-203）；从其在西南官话中的地位来看，也基本上与此相类，属于不同于铜仁方言的湖广片怀玉小片（中国社会科学院语言研究所、中国社会科学院民族学与人类学研究所、香港城市大学语言资讯科学研究中心，2012：87）。目前来看，对于玉屏方言的研究成果很少，只有个别论著涉及。例如《贵州省志·汉语方言志》（贵州省地方志编纂委员会，1998）、《铜仁方言与文化研究》（萧黎明，2009）、《铜仁地区汉语方言内部差异及成因》（萧黎明，2007）、《贵州汉语方言的分区》（刘光亚，1986）、《黔东封闭性词汇亲属称谓研究》（方军、高晓娟，2012：51-57）等。其中，《贵州省志·汉语方言志》（贵州省地方志编纂委员会，1998）虽然未将玉屏方言作为一个完整的方言点作描写和说明，但有关玉屏方言的内容还是相当多的，从中也可以获得玉屏方言的基本情况。《铜仁方言与文化研究》（萧黎明，2009：66）对玉屏方言的语音系统作了描写，包括了玉屏方言的调类和调值；《铜仁地区汉语方言内部差异及成因》（萧黎明，2007：64-75）对包括玉屏在内的铜仁方言语音作了比较详细的对比分析，在此基础上也对铜仁方言作了分类分析，其中也包括声调和变调等的比较。刘光亚（1986：198-203）《贵州汉语方言的分区》还将玉屏作为描写黔东南片方言的一个重要代表方言点，从中不仅可窥见玉屏方言的语音特点以及玉屏方言的方言系属，也可以看到玉屏方言声调的基本情况，其调类和调值分别记为阴平33、阳平21、上声42、去声35。

至于对玉屏方言声调及其他语音现象的实验研究，目前还没有见诸学术刊物或著作。再加上在前期调研时我们也发现玉屏方言声调当中存在一些比较特殊的现象，并且是传统研究所没有关注到而且也没有进行过探讨的，所以可以说玉屏方言声调的实验研究很值得进行深入的探讨和分析。这促使我们对玉屏方言的声调作较为全面的实验语音学研究。玉屏方言声调实验研究的两位发音人所操玉屏方言是中新派，编号分别为M4和W7。

一、基频研究

1. 原始基频

表5-1和表5-2是玉屏方言声调的基频均值等。

表5-1 M4玉屏方言声调的基频均值、标准差（Hz）和样本数（个）

调类	基频	0%	10%	20%	30%	40%	50%	60%	70%	80%	90%	100%	样本数
阴平	基频均值	102	101	103	106	110	115	120	127	131	134	136	10
	标准差	4	4	5	5	5	6	6	6	6	6	6	
阳平	基频均值	100	95	94	94	95	97	98	99	99	99	93	13
	标准差	5	4	4	4	4	4	4	4	3	3	6	

（续表）

调类	基频	0%	10%	20%	30%	40%	50%	60%	70%	80%	90%	100%	样本数
上声	基频均值	122	119	119	119	120	120	118	116	112	107	94	13
	标准差	6	5	6	6	6	6	5	4	3	7	8	
去声	基频均值	136	137	141	146	151	156	161	164	167	169	169	9
	标准差	8	9	9	10	10	9	9	9	9	9	10	

表 5 - 2　W7 玉屏方言声调的基频均值、标准差（Hz）和样本数（个）

调类	基频	0%	10%	20%	30%	40%	50%	60%	70%	80%	90%	100%	样本数
阴平	基频均值	176	172	168	166	167	170	178	191	207	221	227	8
	标准差	11	8	6	6	4	5	6	8	9	9	11	
阳平	基频均值	176	159	153	150	151	155	162	168	169	161	140	13
	标准差	6	6	7	7	7	8	7	7	7	7	6	
上声	基频均值	225	226	228	229	228	226	219	206	187	165	140	13
	标准差	11	8	10	13	14	14	14	13	12	11	9	
去声	基频均值	221	226	232	236	242	249	258	268	277	284	288	13
	标准差	14	16	18	18	17	17	17	17	16	16	17	

图 5-1 即 M4（左图）和 W7（右图）的玉屏方言之基频均值调形格局，这都是在表 5-1 和表 5-2 基础上作出的。

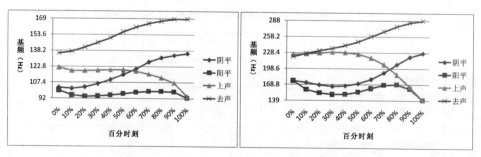

图 5-1　玉屏方言基于基频均值的调形格局图

在图 5-1 所显示的玉屏方言的声调曲拱中，低升是阴平的基本形态，但是男发音人调头处的降幅比女发音人小。阳平总体上是一个曲折拱形，但是所有发音人基本上都处于调形格局的底部一度当中，只是女发音人的调头略高一度。两性发音人的上声都是弯降拱形，男性的高度比女性要低一度。去声则都表现为高升拱形，处在调形格局的顶部，无性别上的差异。从总体上来看，两位发音人对应声调的曲拱形态都极其相似，其调形格局也是基本一样的。

2. 基频标准化

表 5-3 是玉屏方言声调的基频标准化值。

表 5-3　玉屏方言声调的基频标准化值

调类	发音人	0%	10%	20%	30%	40%	50%	60%	70%	80%	90%	100%
阴平	M4	-0.88	-0.93	-0.86	-0.70	-0.49	-0.25	0.01	0.30	0.48	0.57	0.65
	W7	-0.61	-0.71	-0.82	-0.90	-0.87	-0.76	-0.55	-0.22	0.17	0.49	0.63
阳平	M4	-1.03	-1.28	-1.34	-1.33	-1.27	-1.20	-1.12	-1.06	-1.06	-1.08	-1.43
	W7	-0.62	-1.09	-1.28	-1.37	-1.36	-1.22	-1.02	-0.82	-0.80	-1.04	-1.70
上声	M4	0.06	-0.07	-0.07	-0.05	-0.03	-0.04	-0.09	-0.22	-0.39	-0.64	-1.37
	W7	0.56	0.60	0.63	0.66	0.64	0.58	0.43	0.15	-0.32	-0.93	-1.73
去声	M4	0.64	0.72	0.86	1.03	1.21	1.41	1.57	1.69	1.76	1.83	1.83
	W7	0.48	0.60	0.71	0.80	0.91	1.06	1.23	1.42	1.58	1.70	1.76

图 5-2 所展示的就是玉屏方言的调形格局（其中 M4 的是左图，W7 的是右图）。

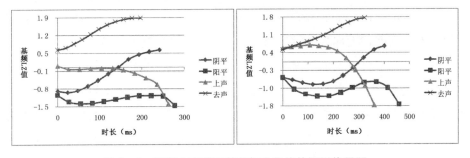

图 5-2　玉屏方言基于基频标准化值的调形格局图

玉屏方言的调形格局图（图 5-2）显示，两位发音人相同调类的声调曲线的基本趋势差异不大，只是个别声调有高度上的细微区别。基于图 5-2 的玉屏方言实验调值列于表 5-4 中。

表 5-4　玉屏方言声调的实验调值

发音人	阴平	阳平	上声	去声
M4	14	11	331	45
W7	24	2121	441	45

　　从图 5-2 和表 5-4 可以看到，虽然概括的实验调值并不完全相同，但是从调形格图中仍然能看到它们同大于异的特点，其差异主要是高度的细微不同造成的。从调形格局图来看，造成调值差异的主要原因还是在于去声。由于男发音人的去声发得很高，致使他的阳平和上声等相对于女发音人来说低了 1 度。当然，两人实验调值的差异并不存在质的分歧，因为各个声调的基本拱形还是相同的。

　　而在对玉屏方言声调进行的传统研究中，刘光亚（1986：198-203）和萧黎明（2009：66）将其调值记录为 33（阴平）、21（阳平）、42（上声）和 35（去声）。从玉屏方言声调调值的实验与传统比较中来看，二者还是有较大的不同的。

　　依照表 5-4 和图 5-2 的玉屏方言实验调值和调形格局，阴平是一个低升调，记为 14/24，这异于传统记录中的中平调 33。作为曲折拱形的阳平因其所处调形格局中的位置不同，被分别归纳成低平调 11 和低双折调 2121，它们与传统记录中的低降调 21 也存在较大的区别。而上声是弯降调，记为 331/441，而传统记录中是半高降调 42，并没体现出实验中的弯降特征。去声都是高升调 45，而传统记录中是中升调 35，但从调形格局来看，去声的调头并没有那么低。可以说，玉屏方言的实验调值与传统研究结果之间的差距还是很大的，不仅高度，大部分的拱形都有差异，有的差异还相当大。

　　由于玉屏方言声调的传统研究成果有限，本次实验所用发音人又只有两位，可以说两个方面都有所不足。而造成这种研究结果迥异的原因，还可以从玉屏方言本身来进行探讨。我们认为，玉屏方言内部应该也是存在较大分别的，所找发音人不同，其所代表的方言就有可能各异。而且玉屏作为一个民族自治县，少数民族语言的影响可以说是必定存在的，而且这种影响也可能是很不平衡的，有的地方影响大，而有的地方影响相对较小，这就造成了玉屏方言的内部差异。

二、调域研究

表 5-5 是玉屏方言的调域数据。

表 5-5　玉屏方言声调调域的最高值、最低值和调域（Hz）

发音人	最高值	最低值	调域
M4	169	93	76
W7	288	140	148

玉屏方言声调的调域图（基于表 5-5）是图 5-3。

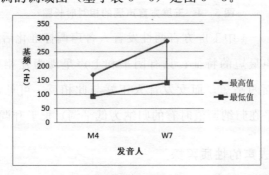

图 5-3　玉屏方言声调调域的最高值、最低值和调域图

玉屏方言的调域及其极值可见图 5-3，其调域和极值的分布状态与前面的大多数方言一样（女大/高于男）。

三、时长研究

表 5-6 是发音人 M4、W7 的玉屏方言声调的时长（绝对时长与相对时长）数据。

表 5-6　玉屏方言声调的时长

发音人	时长	阴平	阳平	上声	去声
M4	绝对时长（单位 ms）	242	278	263	198
	相对时长	0.99	1.13	1.07	0.81
W7	绝对时长（单位 ms）	399	460	360	324
	相对时长	1.03	1.19	0.93	0.84

图 5-4 即 M4（左侧图）、W7（右侧图）玉屏方言声调之相对时长图（据表 5-6）。

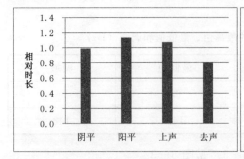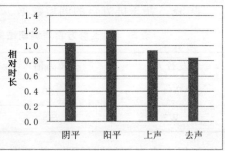

图 5-4 玉屏方言声调的相对时长图

表 5-6 和图 5-4 中玉屏方言两性发音人各声调标准化后的时长都呈现出了阳平最长、去声最短的特征；只有阴平和上声呈现为互相对立的情况，即男发音人上声长而阴平短，而女发音人正好与此相反。可见，玉屏方言中曲折调（尽管如阳平在归纳调值时有的归纳为低平调）长于升调和降调。

四、阳平与去声的性质再探

从玉屏方言的调形格局来看，同调类声调的拱形是相同的，但由于各声调所处的音区不同，最后在归纳调值时显示了较大的差异，正如上面所分析的，主要表现在阳平上。阳平在调形格局中明显是一个先降后升再降的双折拱形，两位发音人都是一样的，但男发音人的归纳成了低平调 11，其双曲折性被隐藏了，而女发音人的则被凸显出来了。还有一点要说明，男发音人的阳平绝对不仅仅是调形格局中表现出来的双折调这么简单，在听感上其曲折性也是明显的，所以这就给我们造成了更大的困惑。那么，到底问题会出在哪里呢？我们推测，一方面确实是前者的曲折高度相对较小，但更大的原因可能在于去声。在调形格局中，去声高高在上，显得与其他几个声调格格不入。要更好地解释阳平双折拱形在调值归纳上的显隐，或许可以从去声中寻找答案。

在对去声的考察之后，我们发现去声的高升带有假声或张声的性质，与其他几个声调是不在同一域的，可能正是由于它的发得很高的假声，阳平才被压缩在了同一度当中。那么，可以尝试用分域四度制①来重新对玉屏方言的调形格局进行刻画，看看是否可以因此而凸显不同声调在调形格局中的分布状况，特别是阳平的拱形特征在调值归纳中的显隐情况。图 5-5 是基于分域四度制所作的调形格局图（左男右女）。

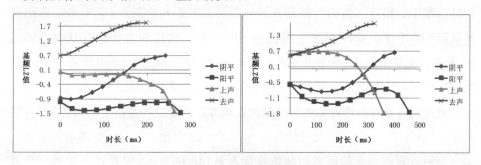

图 5-5　玉屏方言的分域四度制调形格局图

在图 5-5 玉屏方言的分域四度制调形格局中，去声处在高域，其拱形上的"升"可能并非其区别性声调特征，与其假声或张声这种发声态对应的"高"才是，这样，去声作为一个特殊发声态的声调被突出来了。而阴平、阳平和上声都处在常域，阴平都是低升调，上声都是高弯降调（男发音人高度上低于女发音人），差别最大的还是阳平，区别于女发音人阳平显豁的降升降双折调，男发音人的阳平仍然只能归纳成低平调，其曲折性仍然被隐藏了。

在运用了两种声调描写方法之后，男发音人的阳平的曲折特征仍然没有被突出来，其深层原因很值得深入分析。我们认为，男发音人的阳平作为降升降的双曲折拱形还处在双折拱形向平拱形或降拱形过渡的阶段，毕竟从语言的经济原则角度来看，双折调相对于无折的平调或降调要费力得多；而女发音人还是处在标准的双折调阶段。而且从与传统调值的比较中，也可以看到传统调值是记录了双折调的下降的一部分，那么已经有发音人完全从双折调变成了平调或降调也是有可能的。当然，以上都是我们的一些推测，到底实际情况如何，还需要使用更多发音人的进一步调查研究才能得到最后的结论。

---

① "分域四度制"是朱晓农先生提出的一种描写声调的方法，具体可参考《语音学》（朱晓农，2010：291-301）一书。

第二节 剑河方言

剑河县位于贵州省东南部，黔东南州中部，与台江、三穗、施秉、天柱、锦屏、黎平、榕江、雷山、镇远9县毗邻。县城距州府凯里55千米，西距省城贵阳210千米，南距黎平支线机场130千米，北距湘黔铁路（复线）镇远50千米。全县面积2176平方千米，辖1乡11镇1街道，2021年末户籍人口27.93万人，其中以苗侗为主的少数民族占总人口的96%。

研究剑河方言的论著主要有《剑河汉语方言语音及各乡镇之间的差别》（涂光禄，1997：81-84），以及《黔东南方言志》（王贵生，2007）中的相关记录。

剑河方言声调实验研究的两位发音人为M6和W9，前者属于老派而后者属于中派。此次实验用的方言材料并不是现在的新县城所在地革东镇方言，而是剑河县原县城所在地柳川镇的方言，而且现在所见到的有关剑河方言的研究成果中，也基本上都是以原县城所在地柳川镇的方言为代表的。

一、基频研究

1. 原始基频

表5-7和表5-8是剑河方言的声调基频统计数据。

表5-7 M6剑河方言声调的基频均值、标准差（Hz）和样本数（个）

调类	基频	0%	10%	20%	30%	40%	50%	60%	70%	80%	90%	100%	样本数
阴平	基频均值	105	107	111	114	118	120	120	118	114	108	98	8
	标准差	6	5	6	6	6	6	6	6	6	8	10	
阳平	基频均值	104	102	102	102	101	101	99	97	94	89	81	13
	标准差	7	6	6	5	5	5	4	5	4	4	4	
上声	基频均值	130	131	129	127	125	122	118	113	106	98	86	12
	标准差	11	10	9	9	9	8	7	6	6	6	4	
去声	基频均值	120	123	128	137	145	150	148	142	131	114	97	13
	标准差	9	9	9	10	12	12	10	9	9	12	11	

表 5-8　W19 剑河方言声调的基频均值、标准差（Hz）和样本数（个）

调类	基频	0%	10%	20%	30%	40%	50%	60%	70%	80%	90%	100%	样本数
阴平	基频均值	213	205	204	207	211	216	220	223	226	227	229	7
	标准差	9	10	11	12	13	13	13	12	12	12	13	
阳平	基频均值	199	187	184	183	181	180	179	178	178	176	166	13
	标准差	7	5	5	5	6	6	7	7	6	5	6	
上声	基频均值	273	275	272	267	260	251	238	221	200	178	160	13
	标准差	16	17	15	13	12	11	13	13	19	21	15	
去声	基频均值	214	213	220	232	245	258	268	272	274	271	259	12
	标准差	13	15	15	16	18	18	17	15	15	15	13	

　　剑河方言的调形格局图（M6 是左图，W19 是右图）如图 5-6 所示（基于上面的表 5-7 和 5-8）。

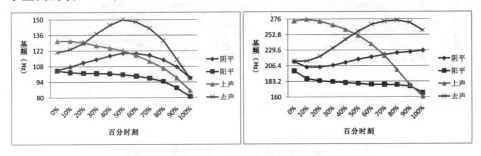

图 5-6　剑河方言基于基频均值的调形格局图

　　在剑河方言的调形格局图（图 5-6）中，阴平的调拱曲线在形态上各异，男发音人是一条居于调形格局中部的凸拱形，而女发音人则是一条同在中部的升拱形。阳平在发音人那里都是低降拱形，而上声是差不多跨整个调域的高降拱形。至于去声，男发音人表现为一条较高的高凸降拱形，而女发音人则表现为高升拱形，但其后部还带着一个小的下降调尾。

　　2. 基频标准化

　　表 5-9 是剑河方言声调的基频标准化值。

表 5-9　剑河方言声调的基频标准化值

调类	发音人	0%	10%	20%	30%	40%	50%	60%	70%	80%	90%	100%
阴平	M6	−0.57	−0.42	−0.21	−0.03	0.14	0.26	0.25	0.15	−0.06	−0.41	−1.02
	W9	−0.18	−0.42	−0.43	−0.35	−0.23	−0.10	0.02	0.10	0.18	0.22	0.26
阳平	M6	−0.62	−0.72	−0.75	−0.76	−0.78	−0.82	−0.91	−1.03	−1.22	−1.60	−2.18
	W9	−0.60	−0.97	−1.07	−1.12	−1.18	−1.22	−1.26	−1.28	−1.28	−1.37	−1.72
上声	M6	0.77	0.78	0.72	0.59	0.49	0.37	0.16	−0.13	−0.49	−1.02	−1.79
	W9	1.36	1.41	1.35	1.22	1.07	0.85	0.53	0.06	−0.58	−1.32	−1.95
去声	M6	0.28	0.42	0.68	1.10	1.44	1.64	1.56	1.32	0.80	−0.07	−1.08
	W9	−0.16	−0.17	0.03	0.36	0.70	1.00	1.25	1.35	1.39	1.31	1.04

图 5-7 是剑河方言的调形格局图，左图为 M6，右图为 W9。

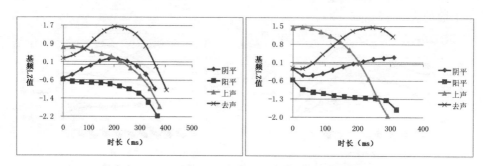

图 5-7　剑河方言基于基频标准化值的调形格局图

对相同调类的声调来说，图 5-7 中剑河方言的调形格局图显示出男发音人和女发音人的声调曲拱还是存在不小的差别的，当然，也存在相同或相似的地方。表 5-10 是实验所得（根据图 5-7）的剑河方言的调值。

表 5-10　剑河方言声调的实验调值

发音人	阴平	阳平	上声	去声
M6	342	221	41	452
W9	34	221	51	35

表 5-10 中的剑河方言的实验调值在两位发音人中大同而小异。图 5-7 能直观显示，相同的地方在于阳平和上声，它们的拱形和高低都是相同或相似的。而阴平和去声则存在较大的区别，尤其是阴平，男发音人是一个凸降调，而女发音人是一个中升调；去声在两位发音人之间的区别还要小于阴平，虽然归纳的调值一个是高凸降调，另一个是高升调，但其曲拱形态仍存在相似性。

以往研究的剑河方言声调调值常见的是阴平 33、阳平 21、上声 42 和去声 35。如刘光亚（1986：198-203）《贵州汉语方言的分区》和涂光禄（1997：81-84）《剑河汉语方言语音及各乡镇之间的差别》等都有相同的调值记录。实验调值与传统研究的调值之间还是存在一定的区别的。

在剑河方言声调实验调值中，阴平记成了凸降调 342 和中升调 34，不仅在调值上，而且在调形上都与以往记录（中平调 33）有很大差异。阳平是最低的弯降调 221，除前部的平也就只有后部的降这方面与传统值 21 有相似性了。上声是高降调，其实验调值记为 51/41，同传统上 42 的记录也极为相似。去声的调值，男发音人记为高凸降调 452，而女发音人纵然记为高升调 45，但其后的一个小降调尾（五度制体现不出来）是与男发音人相似的。在男发音人的调值中，传统上记成平调和升调的阴平和去声则都记成了凸降调，这恐怕与发音人个人的发音风格有关，其后部的降尾大致不过是羡余成分。之所以有此推测，是因为如果将男发音人阴平和去声后部的降尾去掉，那么剩下的部分正与传统调值相合，同时也与另一位发音人的实验调值相符。

二、调域研究

表 5-11 是剑河方言的调域数据。

表 5-11　剑河方言声调调域的最高值、最低值和调域（Hz）

发音人	最高值	最低值	调域
M6	150	81	69
W9	275	160	115

在表 5-11 相关数据的基础上刻画的剑河方言调域图如图 5-8 所示。

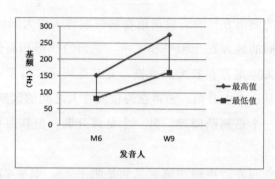

图 5 - 8　剑河方言声调调域的最高值、最低值和调域图

图 5 - 8 的剑河方言调域图较为直观地显示了剑河方言声调的调域分布，其调域和极值女大于男的情形与安顺、铜仁、玉屏等方言相类。

三、时长研究

M6 和 W9 的剑河方言声调的时长见表 5 - 12。

表 5 - 12　剑河方言声调的时长

发音人	时长	阴平	阳平	上声	去声
M6	绝对时长（单位 ms）	359	371	377	404
	相对时长	0.95	0.98	1.00	1.07
W9	绝对时长（单位 ms）	311	320	292	308
	相对时长	1.01	1.04	0.95	1.00

剑河方言发音人 M6（左侧图）、W9（右侧图）的声调相对时长见图 5 - 9。

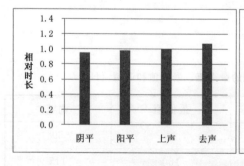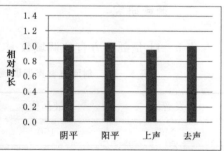

图 5 - 9　剑河方言声调的相对时长图

从图 5 - 9（再结合表 5 - 12）可知，两位发音人各声调时长的长短顺序都有所不同，男发音人是去声、上声、阳平、阴平，女发音人则是阳平、阴平、去声、上声。其中也包含了两个规律，那就是去声都长于上声，阳平都长于阴平。总之，剑河方言声调在拱形与时长关系上表现出了曲折调长于非曲折调的特点。

第三节　黎平方言

黎平县位于贵州省东南部，隶属于黔东南苗族侗族自治州，东南面与湖南省靖州苗族侗族自治县、通道侗族自治县及广西壮族自治区三江侗族自治县交界，西南面与贵州省榕江县、从江县毗邻，东北与贵州省剑河县、锦屏县接壤。全县辖3个街道、14个镇、7个乡、2个民族乡，面积为4441平方千米，2021年户籍人口为58.04万人，年末常住人口为40.91万人。

黎平县通用汉语方言，以黎平县政府所在地德凤街道方言为代表，称为黎平话或黎平方言。根据最新的汉语方言分区，黎平方言属于西南官话湖广片黎靖小片，其主要特点是古入声今读入声或归阴平。（李蓝，2009：72-87）黎平方言在当地素有"小北京话"之称，据说与明代某京官流放于此地有关。（陈平，2002：33-35；刘崧，2016：86-90）

对黎平方言的研究，除了《黎平话起源考》（刘崧，2016）一文和《黎平方言》（熊赐新，2014）一书之外，皆散见于不同的论著中。如《贵州省汉语方言的分区》（刘光亚，1986）、《黔东南汉语方言》（蒋希文，1990）、《贵州省志·汉语方言志》（贵州省地方志编纂委员会，1998）、《黔东南方言志》（王贵生，2007）、《黔东南方言概论》（王贵生，2009）、《西南官话的分区（稿）》（李蓝，2009）和《黔东南方言地理学研究》（王贵生、张雄等，2015）等都有对黎平方言的相关论述。其中，刘光亚（1986：198-203）《贵州汉语方言的分区》将黎平方言作为描写黔东南片方言的一个重要代表点，从中可以窥见黎平方言的语音特点以及区别于其他黔东南片方言的特点，黎平方言的声调也以其特点区别于其他黔东南片方言，其调类和调值分别记为阴平33、阳平12、上声21、去声35。熊赐新（2014）《黎平方言》是目前对黎平方言研究得最为详尽的一部著作，极大地促进了黎平方言的研究。

目前来看，对于黎平方言的研究，除了上述传统研究成果以外，尚未见有从实验语音学角度对其进行研究的，这促使我们运用实验语音学方法研究黎平方言，以窥其声调本质以及与传统声调研究结果的异同。本实验的发音人有三，包括M9、W11和W12这一男两女。

一、基频研究

1. 原始基频

表5-13、表5-14和表5-15的原始基频数据等是黎平方言三位发音人的。

表5-13　M9黎平方言声调的基频均值、标准差（Hz）和样本数（个）

调类	基频	0%	10%	20%	30%	40%	50%	60%	70%	80%	90%	100%	样本数
阴平	基频均值	131	128	125	123	122	121	120	120	121	121	114	8
	标准差	3	4	4	4	4	4	4	4	4	5	8	
阳平	基频均值	107	104	102	100	101	102	104	108	111	114	117	8
	标准差	4	2	4	6	7	7	8	8	8	8	9	
上声	基频均值	123	119	116	112	107	103	99	95	90	86	82	12
	标准差	8	7	6	5	4	4	4	3	3	2	2	
去声	基频均值	191	195	199	201	200	195	187	175	160	144	128	13
	标准差	14	14	14	14	14	12	11	9	7	7	8	
入声	基频均值	104	101	98	99	101	106	113	120	126	130	133	12
	标准差	5	4	4	6	6	7	8	8	8	9		

表5-14　W11黎平方言声调的基频均值、标准差（Hz）和样本数（个）

调类	基频	0%	10%	20%	30%	40%	50%	60%	70%	80%	90%	100%	样本数
阴平	基频均值	249	245	245	245	245	245	245	245	245	239	220	9
	标准差	9	6	4	4	4	4	4	4	5	8	5	

（续表）

调类	基频	0%	10%	20%	30%	40%	50%	60%	70%	80%	90%	100%	样本数
阳平	基频均值	213	203	201	202	205	209	213	218	225	233	239	8
	标准差	10	12	13	13	13	13	14	15	14	13	12	
上声	基频均值	226	219	214	209	203	197	190	183	176	170	163	13
	标准差	19	15	14	13	12	11	9	8	6	6	6	
去声	基频均值	303	317	329	336	340	344	347	347	342	328	308	13
	标准差	18	19	15	13	13	12	13	13	13	12	20	
入声	基频均值	213	204	202	202	205	209	216	222	229	236	242	13
	标准差	10	8	9	9	10	10	11	12	10	8	7	

表5－15　W12黎平方言声调的基频均值、标准差（Hz）和样本数（个）

调类	基频	0%	10%	20%	30%	40%	50%	60%	70%	80%	90%	100%	样本数
阴平	基频均值	218	217	215	213	212	211	211	211	210	207	198	6
	标准差	14	12	12	12	12	12	13	13	12	12	16	
阳平	基频均值	165	158	153	153	154	158	163	169	177	185	191	8
	标准差	12	12	10	10	10	11	13	14	14	13	13	
上声	基频均值	206	195	185	176	167	159	150	142	135	129	124	13
	标准差	14	13	11	11	10	9	8	7	6	6	6	
去声	基频均值	258	267	274	282	289	294	298	299	298	289	275	13
	标准差	15	17	18	17	17	18	18	18	18	17	17	
入声	基频均值	181	172	168	168	170	174	183	194	205	214	220	13
	标准差	10	11	11	12	12	13	14	13	13	12	12	

　　图5－10为M9、W11和W12（分别对应上左图、上右图和下图）的黎平方言的调形格局图（根据表5－13、5－14和5－15的基频均值数据）。

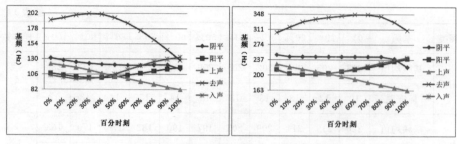

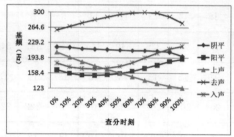

图 5 - 10　黎平方言基于基频均值的调形格局图

在图 5 - 10 所显示的黎平方言声调的拱形上，阴平的表现是一个非常标准的平直拱形，处于调形格局的中部（或稍低）位置，不同性别的发音人只存在高度的差别，男发音人的高度比女发音人低。阳平和入声都是低升拱形，调头处还有微小的降势，这两个声调不仅拱形相同，在调形格局中的位置也相近，有的甚至重合。上声是直降拱形，位置最低。去声的位置最高，甚至游离于其他声调的格局之外，显得高度非常高；而且在拱形上还存在性别区别，男性前升后降，更像个弯降调，女性虽然也是先升后降，但降势却小得多，更像是凸拱形。

2. 基频标准化与调形格局

表 5 - 16 是黎平方言声调的基频标准化值。

表 5 - 16　黎平方言声调的基频标准化值

调类	发音人	0%	10%	20%	30%	40%	50%	60%	70%	80%	90%	100%
阴平	M9	0.25	0.15	0.07	—0.01	—0.05	—0.06	—0.09	—0.09	—0.08	—0.08	—0.30
	W11	0.29	0.21	0.21	0.21	0.21	0.21	0.21	0.21	0.21	0.09	—0.31
	W12	0.35	0.33	0.29	0.26	0.24	0.22	0.21	0.21	0.19	0.14	—0.04

（续表）

调类	发音人	0%	10%	20%	30%	40%	50%	60%	70%	80%	90%	100%
阳平	M9	−0.55	−0.65	−0.74	−0.81	−0.80	−0.75	−0.65	−0.54	−0.41	−0.30	−0.22
	W11	−0.47	−0.69	−0.74	−0.72	−0.66	−0.57	−0.47	−0.35	−0.20	−0.04	0.09
	W12	−0.75	−0.94	−1.05	−1.06	−1.02	−0.93	−0.81	−0.66	−0.49	−0.30	−0.19
上声	M9	−0.02	−0.12	−0.22	−0.37	−0.54	−0.71	−0.86	−1.04	−1.22	−1.43	−1.60
	W11	−0.19	−0.33	−0.45	−0.56	−0.70	−0.85	−1.02	−1.20	−1.38	−1.56	−1.75
	W12	0.12	−0.10	−0.32	−0.51	−0.72	−0.91	−1.14	−1.35	−1.56	−1.74	−1.89
去声	M9	1.73	1.81	1.89	1.93	1.91	1.81	1.64	1.39	1.04	0.63	0.15
	W11	1.24	1.44	1.63	1.73	1.79	1.84	1.89	1.89	1.82	1.62	1.31
	W12	1.02	1.14	1.25	1.36	1.46	1.53	1.58	1.60	1.57	1.46	1.26
入声	M9	−0.66	−0.79	−0.89	−0.87	−0.78	−0.59	−0.34	−0.12	0.08	0.21	0.29
	W11	−0.48	−0.68	−0.73	−0.72	−0.66	−0.56	−0.41	−0.26	−0.11	0.03	0.16
	W12	−0.39	−0.58	−0.68	−0.69	−0.65	−0.54	−0.36	−0.12	0.09	0.28	0.39

　　黎平方言的调形格局如图5-11所示，三个调形格局图中，M9居于上左，W11居于上右，W12在下。

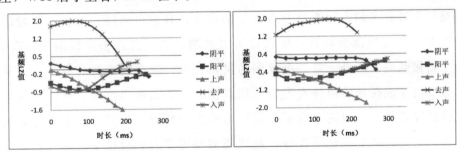

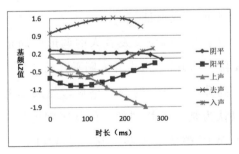

图5-11　黎平方言基于基频标准化值的调形格局图

3. 调形格局分析与实验调值

黎平方言的调形格局图（图 5-11）能体现出，三位发音人同调类声调的调形是非常相似的，只有去声差别较大，其次是阳平和入声以及它们之间的关系，相对单纯的是阴平和上声。先看阴平，其基频曲拱总体上实为平直的曲线，当然也都有一定的降势，在调形格局内偏上的位置，其中男性的降得更为突出一些。再看阳平和入声，每个发音人都表现为低升拱形（调头处还有微小的降势，但拱形的最低点大都在 20% 或 30% 处，可以认为是升拱形），这两个声调不仅拱形相同，在调形格局中的位置也相近，有的甚至重合（W11）。再看上声，三位发音人都是直降拱形，处在整个调形格局的中下部。

最后看去声，三位发音人所表现出来的拱形不尽相同，相同之处在于它们都处在整个调形格局的最上部，也基本都游离于其他声调的格局之外，显得高度非常高；不同之处在于，男发音人的是一个高弯降拱形，而两个女发音人的都是高升拱形。那么，去声当中这种区别与什么相关呢？与性别、年龄、民族还是其他？从所用的发音人来看，第一种拱形是男发音人的，第二种是女发音人的，由此可以推测这两种拱形与性别相关，即男性发音人倾向于将去声读为高弯降调，而女发音人倾向于高升调。另一个推测是与年龄有关的，因为男发音人年龄最大，其去声高降，而相对年轻的两个女发音人都读为高升，那么也可以推测，老派方言去声倾向于高降，而中新派倾向于高升。第三个推测与民族有关，读成高弯降的男发音人是汉族，而读成高升的两位女发音人则是侗族，那么可以推测，高降是汉族汉语的发音特点，而高升则是侗族汉语的发音特点。当然，以上三种推测都还缺乏更为确实的证据支撑，起码还需要更多包括分性别、分年龄、分民族的发音人的材料来证实或反证。

在图 5-11 中，黎平方言两位女发音人的调形格局是相似的，其中 W11 是"中平—低升—中降—高升"（入声并入阳平）的调形格局，W12 则是"半高平—低升—中降—高升—中升"的调形格局，如果不考虑入声，两个女发音人的调形格局可以认为是基本相同的。但其区别也是明显的，其区别主要有二：其一是高度上 W12 整体上高些；其二是 W11 的入声与阳平重合，显示其入声已经与贵州很多方言一样并入了阳平（是一个包含四个声调的调类格局），而 W12 的入声位于阳平的上方不远处，仍然独立成调（是一个包含五个声调的调类格局），但它与阳平拱形的相同和高度的相近也显示出有向阳平归并的倾向，未来不排除并入阳平的可能。对于入声并入阳平的这种趋向，《贵州省志·汉语方言志》（贵州省地方志编纂委员会，1998：78）早有预测并指出，"黎平县城新派语音有失去入声，将入声并入阳平的趋势。部分有一定外地语音影响的人已经不再有入声调"。而从实验结果来看，地道当地人中的新派也已经不再有入声了。可以说，这一声调演化趋势已经得到强化，并且越来越明显了。而男发音人与两个女发音人都有所不同，最明显的就是去声，男发音人是高弯降，而女发音人是高升；其次是在阴平和入声方面既不同于 W11 的二者合并，也不同于 W12 的二者还截然分开，它可能代表了截然相反的另一种倾向，即入声仍然保持中升态势，而阳平调尾降低，向低平调演化（听感上对此也予以支持），刻意拉大两者之间的差别，存在在未来仍然保持两调独立的可能，从而继续保持包括入声在内的五调类格局和"中平—低平—中降—高弯降—低升"的调形格局。

根据表 5-16 和图 5-11 还可以看到黎平方言各个声调与时长之间的关系。黎平方言三位发音人各声调时长的顺序都不尽相同，从长到短的排序情况如下：M9 是阳平＞阴平＞入声＞去声＞上声，W11 是入声＞阳平＞上声＞阴平＞去声，W12 是阳平＞入声＞阴平＞上声＞去声，较为系统的规律是阳平和入声长于上声和去声，阴平倾向于较短，但一般皆短于阳平而长于去声。从拱形与时长的关系来看，低升拱形（还有一定的凹势）和高降拱形长于低降拱形和高升拱形，也就是曲折拱形长于非曲折拱形，平拱形长于升拱形，这个结论与其他贵州方言是基本相同的（明茂修，2017：304）。表 5-17 是本次实验（见图 5-11）所得到的黎平方言的声调调值。

表 5-17　黎平方言声调的实验调值

发音人	阴平	阳平	上声	去声	入声
M9	33	22（23）	31	553	23
W11	33	23	31	55（45）	23
W12	44	23	31	55（45）	³24

从图 5-11 和表 5-17 可以看到，除了去声的实验调值区别（主要是调形）稍大之外，其他调值都是趋于一致的，可以认为三位发音人的调形格局还是非常统一的。黎平方言三位发音人的实验调值的区别并不明显，都可以在进一步概括之后获得统一的黎平方言调形格局的典型代表。

4. 传统调值与调形格局归纳

传统研究结论中，黎平方言五个声调的调值在不同论著当中不尽相同（见表 5-18），有的差别还相当大，主要包括两种不同的描写。较早的《贵州省汉语方言的分区》（刘光亚，1986：198-203）、《西南官话的分区（稿）》（黄雪贞，1986：262-272）、《黔东南汉语方言》（蒋希文，1990：161-168）、《贵州省志・汉语方言志》（贵州省地方志编纂委员会，1998：72）等所描写的是一样的，五个声调的调值分别为 33、12、21、35 和 24；后来的《黔东南方言志》（王贵生，2007：101）、《黔东南方言概论》（王贵生，2009：148）、《黎平方言》（熊赐新，2014：24-25）则与此存在差异，其描写的调值分别为 33、13、31、53 和 24。

表 5-18　黎平方言声调的传统调值

传统调值	阴平	阳平	上声	去声	入声
传统调值 1 （黄雪贞，1986：262-272；蒋希文，1990：161-168； 贵州省地方志编纂委员会，1998：72）	33	12	21	35	24
传统调值 2 （王贵生，2009：148；熊赐新，2014：24-25）	33	13	31	53	24

两种对黎平方言调值描写的差别主要在于阳平、上声和去声上，其中阳平和上声仅为高度的细微差别，调形还是相同的，而且就黎平方言的调形格局来说，它们并不存在本质的差别（不影响格局类型）；区别最大的是去声，前者记为高升调 35，后者则记为高降调 53，调形和调值完全不同。对于黎平方言去声这种分歧的情况，到底哪个对哪个不对，在没有调查研

究之前不好妄下结论，因为记录这些调值的人都是方言研究的专家，要说记错的几率应该是极低的，特别还是在调形差别如此之大的情况下。那就还有一种可能的情况，即他们的记录都是对的，黎平方言去声存在两种截然不同的调形变体。当然，具体情况如何应该还有待更为深入的多发音人的调查研究来给出答案。

从与以前所记的黎平方言的调值的对比中来看，实验调值与传统调值有同也有异。阴平的调值都比较统一，唯实验调值之一高些。阳平基本都是低升调，这是相同的，实际调值上还存在细微的高度差别。上声也非常统一，都是低降调，特别是实验调值与《黔东南方言志》高度统一，但比其他传统调值要高一度。去声很有意思，听感上的实验结果（W11、W12为括号中的调值）正好对应两类传统调值，而根据调形格局归纳的实验调值只有高降与传统调值有较好的对应，高平显得有些差别（去声的这种特殊性及其他情形在本节"四、两种调形下的去声与发声态"中续有探讨）。入声也相对较为统一，拱形都是相同的低升，只是个别调尾高度稍低一些（这种降低可能正是入声向阳平演化的起点，也是入声向阳平不断演化的最突出的显性特征）。

尽管对黎平方言的调形格局作了所有发音人共性的分析，但是表5-17中还是显示出了不少差别，从与传统研究结论的对比分析来看，这些差别可能显示了黎平方言声调的类型特征。所以，根据图5-11和表5-17并结合传统研究结论，还可以对黎平方言的调形格局进行音系学归纳。基于去声的差别，共可以归纳出两型三类调形格局：其一是去声高降型，调形格局为"中平—低平—中降—高弯降—低升"（调类调值为阴平33—阳平22—上声31—去声553—入声23）；其二是去声高升型，包含"中平—低升—中降—高升"（调类调值为阴平33—阳平23—上声31—去声45）和"中平—低升—中降—高升—中升"（调类调值为阴平33—阳平23—上声31—去声45—入声24）两种调形格局，如图5-12所示。

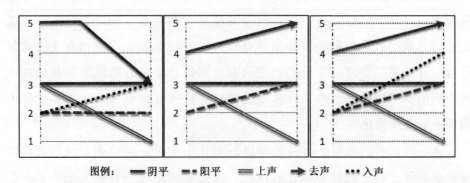

图例：━━ 阴平 ┅┅ 阳平 ═══ 上声 ➡ 去声 •••• 入声

图 5－12　黎平方言两型三类调形格局图（［左］去声高降型　［中］［右］去声高升型）

当然，我们对于黎平方言调形格局的归纳可能是不全面的，因为受到发音人数量的限制，某些可能存在的格局类型还没有发现，这有待于基于更多发音人的进一步研究。

二、调域研究

表 5－19 是黎平方言的调域数据。

表 5－19　黎平方言声调调域的最高值、最低值和调域（Hz）

发音人	最高值	最低值	调域
M9	201	82	119
W11	347	163	184
W12	299	124	175

图 5－13 是所有发音人的黎平方言调域图（根据表 5－19）。

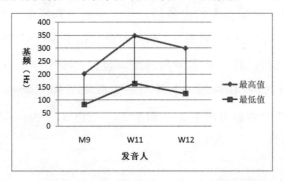

图 5－13　黎平方言声调调域的最高值、最低值和调域图

图 5-13 黎平方言的调域表明，无论是调域，还是高低极值，都是女发音人的大，男发音人的小，其中调域可以认为是所有方言中较大的。

三、时长研究

表 5-20 是发音人 M9、W11、W12 黎平方言声调的时长数据。

表 5-20　黎平方言声调的时长

发音人	时长	阴平	阳平	上声	去声	入声
M9	绝对时长（单位 ms）	263	254	191	199	232
	相对时长	1.15	1.12	0.84	0.87	1.02
W11	绝对时长（单位 ms）	266	292	240	218	299
	相对时长	1.01	1.11	0.91	0.83	1.14
W12	绝对时长（单位 ms）	299	282	256	245	277
	相对时长	1.10	1.04	0.94	0.90	1.02

图 5-14 为黎平方言声调之相对时长图（上左图为 M9，上右图为 W11，下图为 W12）。

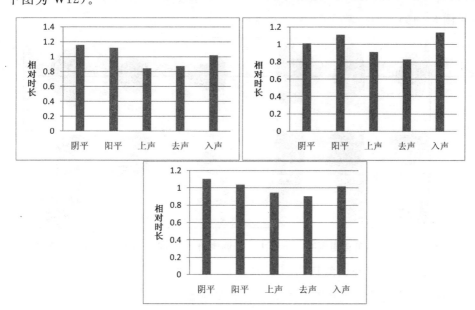

图 5-14　黎平方言声调的相对时长图

借助于图 5-14 以及表 5-20 的数据对比，黎平方言三位发音人各声调时长的排序清晰可见，虽然都不尽相同，但还是有一个共同的特点，就是阴平（平拱还降尾）、阳平（凹拱但凹势较小）和入声（凹拱但凹势一般较阳平大）的时长都长于上声（降拱）和去声（升或降拱，但凸势明显）。具体到 M9、W11 和 W12，M9 和 W12 的阴平、阳平和入声的时长由长至短的次序都是相同的，而 W11 反之。关于上声和去声时长的顺序，两位女发音人是相同的，都是前长后短，而男发音人亦反之。从以上分析可知，黎平方言各声调不能很好地体现与其他方言（如贵阳、遵义、赤水和玉屏等）中普遍存在的各种声调拱形的长短关系。出现这种现象的原因还不好解释，还有待进一步深入研究。

四、两种调形下的去声与发声态

关于去声存在两种调形的情况，因为在进行黎平方言声调的实验研究之前就对去声分歧的情况有所了解，在调查过程中发现有的发音人读成降调、有的发音人读成升调并不感到奇怪。感到奇怪的是在声调标注过程中，读成升调的两位发音人的绝大多数例字的语图都有一个时长不算很短的下降段（见图 5-15）。

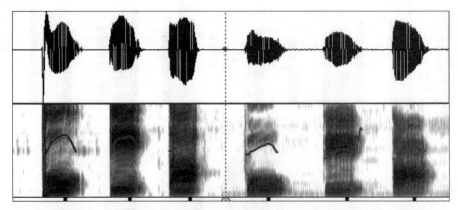

图 5-15 黎平方言去声例字"布帝大"带调尾语图（［左三］W11［右三］W12）

一般情况下，升调的语言目标是在调尾处的峰点，也就是升调的终点，而在这个终点之后往往还有一个非音位性的喉塞降尾，特点是高升调。（朱晓农，2010：278-282）但一般情况下这个降尾都很短，这就与黎平方言去声高升调峰点（图 5-15 下部方色块正对处）后较长的下降段存在一定的区别。
那黎平方言去声后部下降段的性质如何，到底是不是去声的语言学目标呢？
回答这些问题之前，我们先来统计一下黎平方言去声后部下降段和前部上升
段的时长以及总调长（单位 ms）（表 5-21）。

表 5-21 黎平方言去声前部上升段与后部下降段时长之比较

例字	发音人 W11			发音人 W12		
	升段/比例	降段/比例	调长	升段/比例	降段/比例	调长
闭	139/61%	90/39%	230	180/73%	65/27%	245
替	130/72%	50/28%	180	210/68%	100/32%	310
度	176/67%	87/33%	263	130/67%	65/33%	195
库	120/67%	60/33%	180	180/69%	81/31%	261
故	150/69%	68/31%	218	150/67%	75/33%	225
屁	143/75%	47/25%	191	213/78%	62/22%	275
坝	160/75%	55/25%	215	170/68%	80/32%	250
地	160/67%	77/33%	237	210/75%	69/25%	279
大	168/74%	58/26%	226	190/71%	77/29%	267
弟	146/75%	48/25%	194	137/69%	61/31%	198
帝	170/81%	40/19%	210	160/66%	82/34%	242
怕	177/82%	39/18%	216	170/72%	65/28%	235
布	152/60%	103/40%	255	180/71%	74/29%	254
平均	153/71%	63/29%	216	175/70%	74/30%	249

从表 5-21 来看，两位女发音人去声后部下降段在整个调长之中所占的
比例还是比较大的，有的甚至达到 40% 左右（W11 "闭" "布"），平均也占到
整个调长的约 1/3，在一般情况下这是不尽合理的，真正的调尾（非语言学目
标）不会如此之长。但是，尽管后部下降段所占比例较大，可大多数例字在
听感上仍然是明显的升调，所以可以据此确定去声后部下降段应该就是降尾，
不是其语言学目标。

但是这个降尾为什么如此之长呢？是发音人个人发音风格呢，还是其他
因素在起作用？考虑到老派方言的去声还有读成纯粹降调的，从两者之间的
关系出发，那么是否可以据此推测：去声正处于从高降向高升的演化阶段，

这个较长的降尾是高降变为高升时的遗留，也可以认为是高降到高升的中间阶段，在语图上表现为高凸调（图5-15部分例字），并非个人发音风格所致。另一方面，读为高降调的去声，其语图前部也有较长时段（约占30%）的上升趋势（图5-15左图），这也可以看作去声能够从高降调演变为高升调的潜在因素。但是，我们的推测却与传统记录的调值所显示的情况相反，按传统记录的情况，去声应该是从高升（早期的记录）演化为高降（后期的记录）。当然，由于本次调查的发音人比较少，再联系到与传统记录恰好对立的情况，无论从年龄、性别还是民族等角度来考虑，都还不能够充分支持我们的推测，只有留待以后在多发音人基础上再深入分析。

此外，去声还存在另一种较为特殊的情况，即相对于其他几个声调，去声的发音特别高亢，远高于其他声调。这从图5-11黎平方言的调形格局图中也能看出端倪，去声（无论是高降还是高升）位于调形格局的中部且趋于上方之处，"高高在上"，游离于集中分布在调形格局下部的其他几个声调之外。具体来看，以W11为例，有的例字（"怕"）的基频最高可以达到370Hz以上（图5-16左图），升势虽然不急，但起点本高，升得也高，这相对于其他几个声调基频的最高值（阴平例字"铺"约265Hz，见图5-16右图）来说已经非常高了。

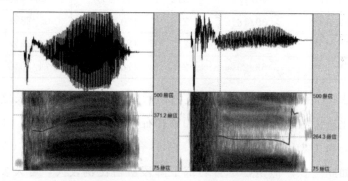

图5-16 W11去声例字"怕"[左]和阴平例字"铺"[右]的语图

去声的这些表现，与发声态中的假声或张声的特点相合。假声的发音特点是声带抻得很长很宽，内沿拉得极薄，声带绝大部分不振动，只有沿内缘一带振动，其最显著的声学特征是超高频率；而张声与喉塞相关，频率比假声相对低些，假声和张声都会引起高调，并可以共同定义一个声域。（朱晓

农，2010：100-105）

　　由上可知，黎平方言的去声具有假声或张声的极高频率的特点，当然主要是张声。根据朱晓农（2005：221-232）提出的分域四度制记调法，黎平方言的去声应该在高域（上域），这是假声或张声所在的声域，其他几个声调在中域（常域）。

　　黎平方言中存在假声或张声并不奇怪，因为周边少数民族语言中也有假声或张声，如高坝侗语（朱晓农、吴和德，2007：305-317）、口寨侗语（朱晓农、韦名应、王俊芳，2016：12-24）和鱼粮苗语（朱晓农、石德富、韦名应，2012：3-12），受其影响或少数民族转用汉语都可能使这种语言现象进入黎平方言，当然这都还只是推测。不过，对于当地汉语方言和少数民族语言之间的相互影响情况已经有人（金美，1998：95-103）做过相关的研究，其中也包括声调，但假声或张声的情况并未涉及。当然，以上的分析还不够全面和深入，黎平方言中去声的假声或张声具体性质如何？是一种孤立的还是区域性的语言现象？是否与周边少数民族语言存在发生学上的关系？这些问题都需要做更多的相关调查研究才能更好地回答。

五、阴平向降调演化的趋势

　　黎平方言的阴平以往都记为平调，本次实验也归纳为平调（表 5－17 和图 5－12），但是从图 5－11 中可以看到阴平并不是纯粹的平调，而是有明显的降势（W11 稍小），这种降势在某些例字语图中更为明显，特别是 W12（图 5－17），M11 也有不少例字降势明显。

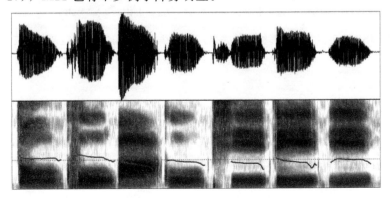

图 5－17　W12 阴平例字"都、枯、巴、姑、批、低、衣"的语图

从图 5 - 17 可以看到，除了"都""衣"之外，其他字的基频明显都是降的，其中"巴"的降势还特别大，听感上也已经是一个降调了。尽管听感上的平调和语图上显示的平调并不是绝对对应的，语图上显示的稍升、稍降或稍弯都可能听成或归纳为平调，但是一旦突破一定的界限，所谓的平调就会演化为其他调形。基于此，我们认为黎平方言的阴平有可能会演化为降调，不仅因为平调在发音时是最难以持续保持纯平的，调尾下降几乎是必然的趋势，这是音理上的；还在于在 W12 的调形格局中阴平变成高降调也不会与其他声调混淆（如果调头再同时升高的话，更加大了与另一降调的区别），并且还趋同于贵州其他汉语方言（如贵阳方言）的格局类型，这也是强势方言影响的结果。黎平方言的阴平一旦演化为高降调（此时，入声也早已经并入阳平），其主要调形格局也就变成了"高降—低升—中降—高升"的两升两降类型（图 5 - 18 左图），这就又与贵州汉语方言中两种主要调形格局类型之一（图 5 - 18 右图）（明茂修，2017：49-58）相似了，尽管调类的对应不尽相同。

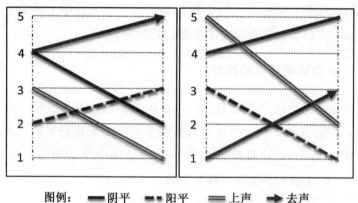

图例： ▬▬阴平 ▬ ▬阳平 ══上声 ➡去声

图 5 - 18 黎平方言的调形格局（未来）［左］与贵州汉语方言典型调形格局［右］

第六章

西南官话桂柳片

本章分析的是西南官话桂柳片的都匀方言和凯里方言声调的基频、时长等声学特点。

第一节 都匀方言

都匀市位于贵州省南部，是黔南布依族苗族自治州州府所在地，贵州南部政治、经济、文化中心。全市总面积 2285 平方千米（含都匀经济开发区），2020 年全市常住人口 529688 人，辖广惠、文峰、小围寨、沙包堡、绿荫湖 5 个街道办事处，墨冲、平浪、毛尖、匀东 4 个镇，归兰水族乡 1 个乡，有布依、苗、水、瑶等 33 个少数民族。

都匀方言的研究成果主要有《贵州都匀老派方言音系》（徐凤云，1988）、《都匀话老中青三代的语音差异》（李金黛，2010）、《试析都匀方言的存古特点》（周艳，2010）、《贵州都匀方言的入声》（周艳，2011），以及散见于其他论著中有关都匀方言的论述，如《贵州汉语方言的分区》（刘光亚，1986）、《黔南汉语方言的特点》（徐凤云，1991）、《贵州省志・汉语方言志》（贵州省地方志编纂委员会，1998）等。除了传统研究成果外，仅见一篇有关都匀方言的实验研究成果，即《贵州黔南州都匀方言单字音声调音高的实验分析》（唐诗吟，2017），该文基于 Mini−speech Lab 语音分析软件对都匀方言声调进行研究，所得实验调值为 33（阴平）、51（阳平）、13（上声）、11（去声）。

在以前的研究当中，都匀方言阴平、阳平、上声、去声和入声五个声调具体调值是存在差异的，但常见的调值分别是 33、53、35、21 和 42。这里都匀方言声调的实验研究的三位发音人更倾向于中派或老派，其序号分别是 M10 和 W13、W14。

一、基频研究

1. 原始基频

都匀方言声调的基频均值等见表 6-1、表 6-2 和表 6-3。

表 6-1 M10 都匀方言声调的基频均值、标准差（Hz）和样本数（个）

调类	基频	0%	10%	20%	30%	40%	50%	60%	70%	80%	90%	100%	样本数
阴平	基频均值	147	139	139	140	140	140	138	137	136	141	145	10
	标准差	10	6	7	7	6	6	5	6	7	11	9	
阳平	基频均值	174	172	176	180	184	187	189	191	191	189	177	6
	标准差	9	9	10	9	10	10	10	12	12	9	13	
上声	基频均值	135	130	133	138	143	147	151	155	158	159	170	13
	标准差	9	7	8	8	9	9	9	8	8	8	10	
去声	基频均值	126	120	119	119	118	118	117	117	116	115	125	12
	标准差	7	3	3	3	3	4	4	5	5	5	5	
入声	基频均值	177	170	169	166	162	156	148	140	132	124	117	13
	标准差	9	8	7	6	6	6	5	5	5	5	5	

表 6-2 W13 都匀方言声调的基频均值、标准差（Hz）和样本数（个）

调类	基频	0%	10%	20%	30%	40%	50%	60%	70%	80%	90%	100%	样本数
阴平	基频均值	214	216	213	213	213	212	212	211	211	210	198	8
	标准差	12	12	9	10	10	10	8	8	8	8	8	

（续表）

调类	基频	0%	10%	20%	30%	40%	50%	60%	70%	80%	90%	100%	样本数
阳平	基频均值	249	260	268	274	278	280	276	263	224	182	150	8
	标准差	12	12	11	11	11	12	13	15	19	13	12	
上声	基频均值	196	199	202	208	216	222	227	230	232	234	237	13
	标准差	6	4	5	6	6	5	6	5	5	5	6	
去声	基频均值	188	185	180	177	177	178	178	178	179	179	171	12
	标准差	8	6	6	5	4	4	4	5	6	7	7	
入声	基频均值	263	263	261	259	254	244	231	212	190	170	147	13
	标准差	16	9	9	10	11	13	13	12	12	10	10	

表 6 - 3　W14 都匀方言声调的基频均值、标准差（Hz）和样本数（个）

调类	基频	0%	10%	20%	30%	40%	50%	60%	70%	80%	90%	100%	样本数
阴平	基频均值	207	204	204	202	199	197	194	193	193	195	204	8
	标准差	17	17	17	16	16	16	16	16	15	16	18	
阳平	基频均值	233	234	239	244	249	255	259	259	253	234	207	5
	标准差	19	14	14	17	19	22	24	24	22	21	18	
上声	基频均值	174	172	172	173	176	179	183	186	189	192	201	9
	标准差	6	7	8	8	9	11	12	13	13	11	9	
去声	基频均值	158	154	151	147	145	144	144	141	139	137	138	9
	标准差	7	6	6	6	6	6	6	6	7	9		
入声	基频均值	234	230	227	221	214	206	197	184	171	156	147	9
	标准差	19	15	14	12	10	9	9	9	9	10	11	

　　三位发音人 M10（见上左图）、W13（见上右图）及 W14（见下图）基于基频平均值的都匀方言调形格局是图 6－1。

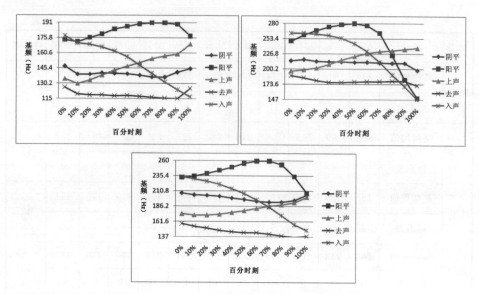

图 6-1　都匀方言基于基频均值的调形格局图

都匀方言声调的曲拱形态（图 6-1）同中有异，但同大于异。阴平为略带降势的平直曲拱，除 W13 外都带轻微的升调尾，在调形格局中居其中。阳平为处在调形格局顶部的凸降曲线，但下降的幅度在各发音人中有别。上声是在调域中部的直升曲线，或带极小的降调头。去声的拱形与阴平相似，也是平直中带有轻微降势的曲线，唯在高度上较低。入声基本上是一个从上到下全域分布的降调，带有弯降的特点。

2. 基频标准化

表 6-4 是三位发音人的都匀方言声调的基频标准化值。

表 6-4　都匀方言声调的基频标准化值

调类	发音人	0%	10%	20%	30%	40%	50%	60%	70%	80%	90%	100%
阴平	M10	0.09	−0.23	−0.24	−0.19	−0.19	−0.22	−0.27	−0.36	−0.37	−0.16	0.00
	W13	0.00	0.07	−0.01	−0.04	−0.03	−0.06	−0.07	−0.09	−0.09	−0.10	−0.49
	W14	0.55	0.48	0.48	0.43	0.36	0.29	0.22	0.17	0.17	0.24	0.48
阳平	M10	1.13	1.06	1.21	1.34	1.50	1.60	1.67	1.70	1.71	1.66	1.26
	W13	0.93	1.21	1.39	1.53	1.62	1.66	1.58	1.28	0.26	−1.02	−2.22
	W14	1.20	1.24	1.35	1.46	1.57	1.70	1.77	1.77	1.65	1.23	0.57

（续表）

调类	发音人	0%	10%	20%	30%	40%	50%	60%	70%	80%	90%	100%
上声	M10	−0.44	−0.67	−0.50	−0.28	−0.07	0.10	0.26	0.42	0.53	0.60	0.98
	W13	−0.53	−0.46	−0.35	−0.17	0.05	0.24	0.38	0.46	0.51	0.57	0.63
	W14	−0.38	−0.44	−0.45	−0.41	−0.32	−0.23	−0.11	−0.02	0.06	0.16	0.41
去声	M10	−0.84	−1.18	−1.23	−1.23	−1.27	−1.26	−1.31	−1.34	−1.39	−1.42	−0.89
	W13	−0.80	−0.91	−1.08	−1.18	−1.17	−1.15	−1.13	−1.12	−1.10	−1.09	−1.38
	W14	−0.91	−1.04	−1.14	−1.27	−1.36	−1.41	−1.42	−1.51	−1.60	−1.69	−1.64
入声	M10	1.26	1.01	0.97	0.87	0.71	0.49	0.15	−0.20	−0.58	−0.96	−1.32
	W13	1.27	1.28	1.25	1.19	1.06	0.82	0.47	−0.06	−0.75	−1.43	−2.33
	W14	1.22	1.15	1.05	0.93	0.76	0.55	0.29	−0.06	−0.47	−0.96	−1.28

　　图 6-2 是在表 6-4 的基础上刻画的都匀方言的调形格局，上行左图为 M10，上行右图为 W13，下图则为 W14。

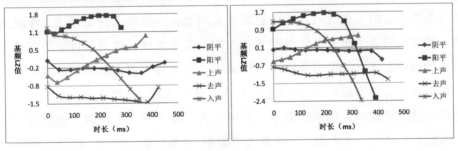

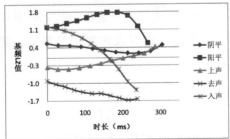

图 6-2　都匀方言基于基频标准化值的调形格局图

　　图 6-2 所呈现的三位发音人的都匀方言调形格局图中，大部分同调类的调形曲线是相似的，但是仍然存在拱形和高度区别较大的阳平。表 6-5 是刻

画出调形格局（图6-2）后所得到的都匀方言的调值。

表6-5　都匀方言声调的实验调值

发音人	阴平	阳平	上声	去声	入声
M10	³22	⁴55	24	11	51
W13	33	551	34	22	51
W14	⁴33	554	23	21	51

　　从图6-2和表6-5可以看到，在各发音人的调形格局中，除阳平的曲拱形态存在一定差异之外，其他声调的曲拱形态都是相同的，调值是相近的。当然，尽管调值的归纳不同，但三位发音人的调形格局也还是十分相似的。

　　下面将我们的实验调值与前述唐诗吟（2017：237）的文章亦用实验方法所得到的调值作一简单比较。该文的结论无论是研究方法还是研究结论，均与传统研究及此次实验研究存在一定差别，但严格说起来，其结论与我们的实验调值也并不存在本质的区别。但是，在研读该文过程中，我们还发现了该文当中存在的一些疑问，主要是发音人问题：一是该文只使用了一个发音人，而实验语音学研究中使用多发音人往往是必需的，否则就可能遗漏可能存在的调值变体（与我们的结论比较来看，该文对于调值的概括确实对于某些调值变体有所遗漏）。二是中老派入声很可能遗漏。一般认为，都匀方言中老派方言的声调包含阴平、阳平、上声、去声和入声5个声调，新派方言则只有除入声外的4个声调，入声并入了阳平。（李金黛，2010：62-66）而该文所用发音人当时已经55岁，应该属于中老派方言，但其结论仍与新派方言的结论相合，这是否表明该文的结论对入声的情况有所遗漏呢？即使有些中老派发音人可能没有入声了，但在实验研究中来自入声的和来自阳平的拱形在很大程度上应该还存在一定的区别，毕竟从整体上来看，都匀方言的入声正处于演变的过程当中，可惜该文中并没有体现。

　　从都匀方言传统研究的调值来看，传统调值之间也存在一定的差别。在老派都匀方言5个调类的声调系统中，不同发音人的大部分同调类调值之间都是一样的，其中差别较大的是去声，其次是上声。在去声的各个传统调值中，既有低降调21，也有低升调12/13，还存在低凹调213的记录。上声的各调值之间虽然基本趋势同为升调，但高度有别，有 45/35/24 等多种记录。此外，新派都匀方言的声调系统与老派已经产生了较大差别，声调有所归并，也就是入声已经消失，只剩下 4 个声调。

从都匀方言的实验调值与传统调值（见表 6-6）的对比之中可以看到，实验调值与传统调值之间有很强的一致性，但仍然存在一定的差别，有的差别也并不小。

表 6-6　都匀方言声调的传统调值

传统调值	阴平	阳平	上声	去声	入声
传统调值 1 （贵州省地方志编纂委员会，1998：80）	33	53	45	12	42
传统调值 2 （转引自：李金黛，2010：62-66）	33	53	24	21（213）	42
传统调值 3 （徐凤云，1988：81-89）	33	53	35	13	42
传统调值 4（新派） （李金黛，2010：62-66）	33	53	45	21	
传统调值 5 （何丽、张春红，2011：33-37）	55	51	35	13	
传统调值 6 （周艳，2012：6-13）	33	53	35	21	42

在表 6-5 和图 6-2 都匀方言的调形格局和实验调值中，阴平是平调，或中平 33，或半低平 22，但有的带有微降的调头，其与往常的调值中的中平调 33 在调拱上是划一的，但与其中一个特出的高平调 55（此传统调值可能并不足信）差别较大。阳平在拱形上表现为先升后降的凸调，调头的升势都相对较小，但后部降势在各个发音人当中差距较大，在归纳时降势较小的就归纳成了高平调⁴55，降势较大的则归纳成了高弯降调 551/554。实验调值与高半降调 53 或全降调 51 这两个传统调值都刻画了声调的降势，但传统调值并没有体现出实验调值中声调前部的微升趋势。上声都是升调，分别记为 23/24/

34，纵然大部分传统上声调值（35、45）比实验调值高，但同为升调却又相符。去声的调值记为低平调 11/22 或低降调 21，和传统调值中的低降调 21 在高度上是相似的，但和低升调 13 或低（前）凹调 213 不同。入声非常统一，都是全降调 51；传统调值也很统一（新派没有入声除外），记录为半高降调 42，两者仅仅高度有小别（1 度）。

从调形格局演变的角度来看，根据调形格局的演变机制即调值区别特征的差异化原则（明茂修，2017：349-357），都匀方言的实验调值所体现出来的调形格局特征可能预示着都匀方言调形格局演变的一种趋势，即都匀方言阳平的调值由于与入声在拱形上乃至高度上极为相似以致两者区别特征不够显豁而正在由传统的高半降调演变为高升调（可以推测，虽然传统研究中阳平都记成直降拱形，但其拱形当中应该早就包含一定时长的平或升的成分，这为阳平由高降调演变为高升调提供了可能），其间的过渡形态则有高凸调或高弯降调等，这种处在演变过程的情形无论从听感上，还是从发音人偏大的阳平基频值标准差（见表 6-1、表 6-2、表 6-3）当中都有所体现。[①] 在都匀方言的调形格局中，另一个值得注意的是去声。从传统记录的调值来看，既有低升调，也有低降调，还存在低凹调；而从实验调值来看，情况也颇为相似，有低平调，也有低降调（当然，归纳为低平调 ^{2}11 也未尝不可，因为只有起点处在 2 度的最低处，其他都在 1 度）。去声的这种情况很像朱晓农（2012：1-16）提出的纯低调，不过这还有待于基于更多发音人材料的分析来进一步证实。

二、调域研究

表 6-7 是都匀方言声调的调域数据。

[①] 这一结论与传统研究中都匀方言的调形格局的演变情形有所不同，一般认为都匀方言的调形格局逐渐由中老派的 5 个声调的格局向新派的 4 个声调的格局演变（见李金黛，2010：62-66），而本书的结论却表现为仍然保持 5 个声调的格局。对此，我们认为，这可能代表了都匀方言调形格局演变的两个不同方向（还需要更多的方言调查材料来佐证）：其一，受主流西南官话入声归阳平这一声调演变显性规律的影响，都匀方言的入声也逐渐并入了其阳平当中，从而使都匀方言的调形格局向着 4 个声调的格局演进；其二，在调形格局内部调值区别特征差异化原则（见明茂修，2017：357）的作用下，都匀方言调形格局内部采取了扩大原来相似调值的区别特征的方式，即阳平的拱形由原来的高半降调逐渐演变为高凸（弯）降调乃至高升/平调，以与同为高直降调的入声表现出更大的区别特征，从而最终仍然保留了原来的 5 个声调的格局。

表6-7　都匀方言声调调域的最高值、最低值和调域（Hz）

发音人	最高值	最低值	调域
M10	191	115	76
W13	280	147	133
W14	259	137	122

以表6-7的基础数据可以得到都匀方言声调的调域图（图6-3）。

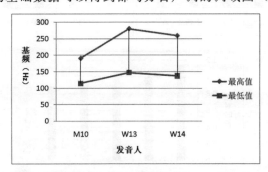

图6-3　都匀方言声调调域的最高值、最低值和调域图

都匀方言调域数据及图（表6-7、图6-3）表明，与多数方言相同的是女发音人在调域和极值上都要大于男发音人。

三、时长研究

表6-8是M10、W13、W14都匀方言声调的时长，既有绝对时长，也有标准化的时长。

表6-8　都匀方言声调的时长

发音人	时长	阴平	阳平	上声	去声	入声
M10	绝对时长（单位 ms）	450	285	378	426	353
	相对时长	1.19	0.75	1.00	1.13	0.93
W13	绝对时长（单位 ms）	418	392	326	441	338
	相对时长	1.09	1.02	0.85	1.15	0.88
W14	绝对时长（单位 ms）	305	269	288	240	237
	相对时长	1.14	1.00	1.07	0.90	0.89

几位发音人基于表 6-8 的都匀方言声调的标准化后的时长图分别是图 6-4 的上左图（M10）、上右图（W13）、下图（W14）。

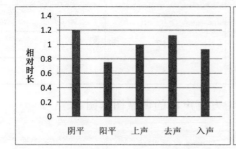
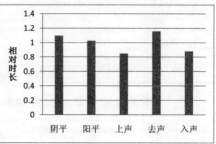
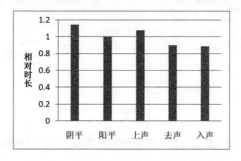

图 6-4 都匀方言声调的相对时长图

在都匀方言的时长数据（表 6-8）和（相对）时长图（图 6-4）中，时长最长的阴平是中平调，这比阳平高弯降调、上声低升调（因其高调尾也可以认为具有高调的特征）和入声全降调都要长，同时也长于去声低平调，而去声低平调和入声全降调之间是前长后短。在两个降拱形中，基本上表现为弯降拱形的阳平大于直降拱形的入声（其中 M10 的阳平比较特殊，可以认为是高平拱形）；而其他不同拱形的时长之间没有表现出较为统一的规律来。如此，都匀方言在这方面的规律性特征就是平调的时长大于非平调，低调的时长大于高调。

第二节　凯里方言

凯里市位于贵州省东南部，是黔东南苗族侗族自治州首府所在地，是全州政治、经济、文化中心，辖 9 个街道、11 个镇，总面积 1569.69 平方千米，2021 年常住人口 71.72 万人，少数民族人口占户籍人口的 82.2%（2021 年户籍人口为 58.82 万人）。

　　有关凯里方言的研究成果主要有《黔东南汉语方言》（蒋希文，1990）、《黔东南方言在贵州方言研究中的特殊地位》（王贵生，2004）、《黔东南方言志》（王贵生，2007）、《贵州省凯里市城区方言的现状及展望》（王贵生，2007）等。目前还没有人对凯里方言进行实验语音学研究。用于凯里方言声调实验研究的发音人是两位皆属老派的 M5 和 W8。

一、基频研究

1. 原始基频

凯里方言声调的基频和样本数据等见表 6 - 9 和表 6 - 10。

表 6 - 9　M5 凯里方言声调的基频均值、标准差（Hz）和样本数（个）

调类	基频	0%	10%	20%	30%	40%	50%	60%	70%	80%	90%	100%	样本数
阴平	基频均值	182	183	183	183	182	182	182	182	184	187	187	8
	标准差	11	11	11	9	9	10	10	10	9	9	8	
阳平	基频均值	172	167	163	158	151	144	137	129	121	112	103	13
	标准差	10	12	12	11	9	8	8	8	7	7	7	
上声	基频均值	201	206	211	214	215	215	216	218	219	221	227	11
	标准差	15	13	14	14	15	16	16	18	17	17	19	
去声	基频均值	134	129	130	132	138	144	152	162	173	186	198	11
	标准差	11	10	9	9	10	10	11	12	14	18	21	

表 6 - 10　W8 凯里方言声调的基频均值、标准差（Hz）和样本数（个）

调类	基频	0%	10%	20%	30%	40%	50%	60%	70%	80%	90%	100%	样本数
阴平	基频均值	211	207	200	199	197	195	194	196	195	195	196	9
	标准差	9	11	11	12	11	11	10	10	8	10	11	
阳平	基频均值	217	203	186	176	170	165	161	159	155	151	141	8
	标准差	11	8	8	7	9	8	8	9	8	9	13	

（续表）

调类	基频	0%	10%	20%	30%	40%	50%	60%	70%	80%	90%	100%	样本数
上声	基频均值	227	232	231	232	232	234	234	235	236	239	230	12
	标准差	10	14	14	14	15	15	15	16	17	17	16	
去声	基频均值	170	167	163	163	167	173	177	182	185	188	193	9
	标准差	9	9	8	8	10	9	9	8	8	8	8	

图 6-5 为基于表 6-9、6-10 的凯里方言调形格局（左图对应的是 M5，右图对应的是 W8）。

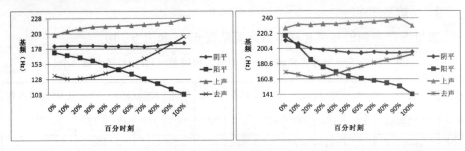

图 6-5 凯里方言基于基频均值的调形格局图

图 6-5 显示，凯里方言各声调的拱形当中，阴平的调拱总体上平直，处于调域的中上部，其中女发音人的调头有较为明显的降势。阳平是一条降势曲线，但是男发音人的调头要比女发音人低得多。上声是高平曲线，有一定的升势，处在调域的上部，两性发音人的表现相近，唯男发音人上声调头稍低。去声作为低升调，在两性发音人那里，其低和升这些基本特征是一样的；而且其调头都有一个轻微的下降趋势，但男发音人的调尾要比女发音人高。

2. 基频标准化

表 6-11 是凯里方言声调的基频标准化值。

表 6-11 凯里方言声调的基频标准化值

调类	发音人	0%	10%	20%	30%	40%	50%	60%	70%	80%	90%	100%
阴平	M5	0.33	0.35	0.35	0.36	0.33	0.34	0.33	0.33	0.37	0.45	0.47
	W8	0.48	0.36	0.16	0.10	0.06	−0.01	−0.03	0.02	−0.01	−0.02	0.01

（续表）

调类	发音人	0%	10%	20%	30%	40%	50%	60%	70%	80%	90%	100%
阳平	M5	0.05	−0.09	−0.20	−0.35	−0.57	−0.81	−1.06	−1.35	−1.65	−2.02	−2.40
	W8	0.66	0.26	−0.31	−0.63	−0.85	−1.05	−1.18	−1.29	−1.42	−1.58	−2.03
上声	M5	0.79	0.93	1.04	1.11	1.12	1.13	1.15	1.18	1.21	1.27	1.39
	W8	0.94	1.07	1.04	1.07	1.08	1.11	1.12	1.15	1.18	1.26	1.01
去声	M5	−1.15	−1.35	−1.32	−1.21	−1.03	−0.81	−0.55	−0.25	0.08	0.41	0.72
	W8	−0.87	−0.99	−1.13	−1.11	−0.96	−0.75	−0.60	−0.45	−0.33	−0.23	−0.07

图 6－6 为基于基频标准化值的凯里方言的调形格局（根据表 6－11），左为 M5，右为 W8。

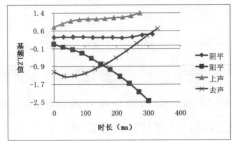 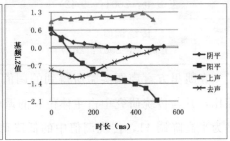

图 6－6　凯里方言基于基频标准化值的调形格局图

根据图 6－6 凯里方言的调形格局图，可以看到男发音人和女发音人同类声调的基本曲拱形态特别相似，甚至在高度上差别也不大，其差异处主要在于阴平的调头、阳平和去声的调尾等。凯里方言的实验调值（从图 6－6 概括所得）可见表 6－12。

表 6－12　凯里方言声调的实验调值

发音人	阴平	阳平	上声	去声
M5	44	41	55	25
W8	44	41	55	23

图 6－6 能显示两位发音人的调形格局基本上是完全相同的，他们的实验调值（表 6－12）也是大同而小异，主要表现在去声的调尾高低不同，男发音人高于女发音人。

通过对比表 6-12 和表 6-13，可以看到凯里方言的实验调值与传统研究的调值具有很大的统一性，区别居于次要位置。

表 6-13　凯里方言声调的传统调值

传统调值	阴平	阳平	上声	去声
传统调值 1 （刘光亚，1986：198-203）	44	21	55	13
传统调值 2 （蒋希文，1990：161-168）	33	31	55	13
传统调值 3 （贵州省地方志编纂委员会，1998：80）	44	21	55	12
传统调值 4 （王贵生，2004：39-42）	33	21	55	35
传统调值 5 （王贵生，2007：26）	33	21	55	13

在凯里方言声调实验所得到的调值中，阴平是半高平调 44，与传统调值相比，其与传统研究中占主体位置的调值 33 高，但与部分传统调值相同。阳平为半高降调 41，传统调值中的低降调 21/31 尽管与其高度有异，但其实作为降调也无本质区别。上声的调值与传统调值是整齐划一的，都是高平 55 调。去声与传统调值都是升调，而且同时都有高升 25/35，也有低升 23/13，但综合所有研究结果可以推测，低升调可能代表凯里方言去声的主体（还有待更为深入的研究来证明）。

二、调域研究

表 6-14 是凯里方言的调域。

表 6-14　凯里方言声调调域的最高值、最低值和调域（Hz）

发音人	最高值	最低值	调域
M5	227	103	124
W8	239	141	98

图 6-7 是凯里方言的调域图，这是按照表 6-14 中的统计数据而作的。

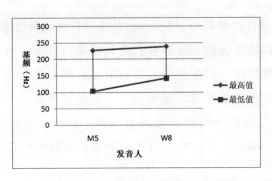

图 6-7　凯里方言声调调域的最高值、最低值和调域图

在凯里方言调域数据（表 6-14）和调域图（图 6-7）中又发现了与之前贵阳、铜仁、六盘水相似的情况，尽管极值中对应的高低值是女比男大，但调域上却又是男大于女了。

三、时长研究

表 6-15 是 M5、W8 凯里方言声调的时长。

表 6-15　凯里方言声调的时长

发音人	时长	阴平	阳平	上声	去声
M5	绝对时长（单位 ms）	313	301	275	331
	相对时长	1.03	0.99	0.90	1.08
W8	绝对时长（单位 ms）	532	499	481	503
	相对时长	1.06	0.99	0.96	1.00

两位发音人（左图的 M5、右图的 W8）的凯里方言声调的相对时长图如图 6-8 所示。

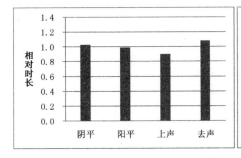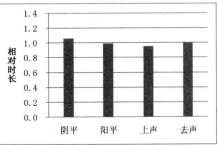

图 6-8　凯里方言声调的相对时长图

依据图 6-8（可以再借助于表 6-15）不难看到，两性发音人中上声都是最短的，阳平则都是次长的，这是它们之间的共性特征。其他的更多地则显示了它们的差异性特征，如男发音人最长的是去声，而女发音人最长的是阴平；男发音人是去声比阴平长，而女发音人则是阴平长于去声。所以，凯里方言声调中时长与拱形之间的关系表现为曲折拱形（去声）都长于降拱形（阳平），平拱形（阴平）又长于降拱形（阳平）和微升拱形（上声归纳成了高平调）。

第七章

其他汉语方言

　　本章对贵州汉语方言中属于非西南官话的喇叭话、屯堡话和酸汤话的声调进行实验研究，包括声调的基频和时长的统计与分析。

第一节 喇叭话

　　喇叭话是贵州省境内区别于西南官话的方言之一，以方言岛的形式存在着。操喇叭话的人是被称为喇叭苗的喇叭人。喇叭话主要分布在黔西南布依族苗族自治州晴隆县的中云、鲁打、长流、新民、花贡、纳屯、河塘七个乡，普安县的龙吟、丫口、石古、毛坪四个乡以及六盘水市六枝特区的郎岱乡等面积约三百平方千米的村落，使用人口有十余万人。（范朝康，2002：86-89）

　　对于喇叭话的归属，蔡鸿（2005：67-69）认为其与湘方言的关系密切，是历史上由于军事迁徙而保存下来的一个湘方言岛。吴伟军（2019：7-8）认为贵州晴隆喇叭话有"土话"和"客话"之分，其中"土话"跟湘语娄邵片较为接近，"客话"是杂有"土话"成分的西南官话。喇叭话内部有一定差异，但均能相互通话，范朝康（2002：86-90）认为大致可以分为老派语音和新派语音，其中老派语音主要分布在鲁打、长流、丫口和石古等乡镇，以鲁打话为代表；而新派语音主要分布在龙吟、中营、新民和花贡等各乡镇，以龙吟话为代表。

目前，对喇叭话的研究已经比较充分，但主要集中于传统研究方面。《贵州省志·汉语方言志》（贵州省地方志编纂委员会，1998：130-135）语音篇第六章第三节"喇叭话"较早对贵州省黔西南布依族苗族自治州晴隆县鲁打乡的老派语音进行调查研究，较为详细地记录了语音系统和语音特点，并且列出了特色词汇。《喇叭话声母记略》（蔡鸿，2005：67-69）从历史角度考察了喇叭话声母演变的情况，通过与今娄邵片湘语的比较，确认了喇叭话与老湘语的密切关系，并指出了喇叭话同时也受到了西南官话的强烈影响。《喇叭话的语音系统》（范朝康，2002：86-90）介绍了喇叭话的语音系统和语音特点，与《贵州省志·汉语方言志》（贵州省地方志编纂委员会，1998：130-135）当中所记录的没有什么大的差别。《贵州晴隆喇叭话的濒危现状及保护策略——以长流乡为例》（吴伟军，2005：210-215）以长流乡喇叭话为个案调查对象，从语言保护的角度对喇叭话的语言活力和语言态度进行了较为详细的调查研究，指出喇叭话已经是一种处于濒危状态的方言，并提出了一些保护策略。最新的研究成果是《贵州晴隆长流喇叭苗人话》（吴伟军，2019），这本书全面、系统地描写了贵州晴隆长流喇叭苗人话"土话"的语音、词汇和语法，并记录了丰富的话语材料，极大地促进了对喇叭话的研究和保护。

相对于较为丰富的关于喇叭话的传统方言学研究来说，喇叭话的实验语音学研究，包括声调的实验语音学研究，直到目前一篇都还没有见到。

本次喇叭话声调实验研究的两位发音人为男发音人 M15 和女发音人 W20。

一、基频研究

1. 原始基频

表 7－1 和表 7－2 是喇叭话声调的基频均值等，其中表 7－1 是 M15，表 7－2 是 W20。

表 7－1　M15 喇叭话声调的基频均值、标准差（Hz）和样本数（个）

调类	基频	0%	10%	20%	30%	40%	50%	60%	70%	80%	90%	100%	样本数
阴平	基频均值	173	172	173	172	171	170	169	168	167	166	163	13
	标准差	9	8	8	8	8	7	6	6	7	7	7	

（续表）

调类	基频	0%	10%	20%	30%	40%	50%	60%	70%	80%	90%	100%	样本数
阳平	基频均值	132	129	127	125	123	120	116	111	108	104	97	10
	标准差	7	6	6	6	5	6	5	5	5	6	6	
上声	基频均值	153	150	148	145	141	136	131	126	121	115	108	13
	标准差	9	10	9	8	7	6	5	5	5		5	
去声	基频均值	150	151	153	155	157	163	171	185	201	215	225	11
	标准差	10	11	11	11	11	10	10	10	10	11	13	
入声	基频均值	131	126	124	122	122	123	126	131	137	141	146	9
	标准差	6	5	5	4	6	8	9	9	8	7	6	

表 7 – 2　W20 喇叭话声调的基频均值、标准差（Hz）和样本数（个）

调类	基频	0%	10%	20%	30%	40%	50%	60%	70%	80%	90%	100%	样本数
阴平	基频均值	224	221	221	220	219	219	218	218	218	218	221	13
	标准差	7	14	14	15	15	16	15	15	15	15	13	
阳平	基频均值	173	164	160	157	154	152	149	146	142	138	135	9
	标准差	6	7	8	9	9	9	8	7	5	4	3	
上声	基频均值	210	204	201	197	192	187	181	172	159	148	142	10
	标准差	11	13	14	14	14	14	12	12	8	6	5	
去声	基频均值	199	196	196	198	201	207	218	232	250	268	284	11
	标准差	14	11	10	11	12	11	11	12	12	11	12	
入声	基频均值	186	167	162	161	163	165	170	177	184	192	214	7
	标准差	15	14	12	11	12	12	12	11	8	8	15	

　　喇叭话的两位发音人（左图是 M15，右图是 W20）的基频均值调形格局图见图 7 – 1。

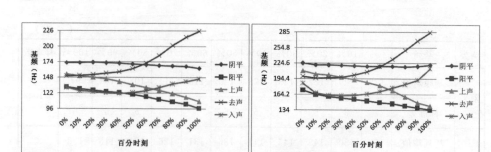

图 7 - 1 喇叭话基于基频均值的调形格局图

从图 7 - 1 可以看到，喇叭话中平直是阴平的总体拱形特点，但后部有下降趋势，处在中部偏高处，没有大的性别差异。阳平是降拱形，与上声的降拱形比较来说，其较后者为低，但调尾的高度是相近的，都处在调形格局的中下部，无论性别。去声是一条先平后升的高升曲线，处在格局的中上部较高处，男女发音人的表现是一样的。入声则是一个较低的凹拱形，但男发音人凹的幅度要小于女发音人。

2. 基频标准化

表 7 - 3 是喇叭话声调基频的标准化数据。

表 7 - 3 喇叭话声调的基频标准化值

调类	发音人	0%	10%	20%	30%	40%	50%	60%	70%	80%	90%	100%
阴平	M15	0.96	0.95	0.97	0.95	0.92	0.89	0.85	0.82	0.79	0.76	0.66
	W20	0.76	0.68	0.66	0.65	0.63	0.61	0.60	0.60	0.58	0.60	0.67
阳平	M15	−0.50	−0.62	−0.73	−0.81	−0.89	−1.02	−1.19	−1.43	−1.61	−1.82	−2.18
	W20	−0.67	−0.95	−1.08	−1.19	−1.28	−1.38	−1.48	−1.57	−1.71	−1.86	−2.01
上声	M15	0.32	0.20	0.12	0.02	−0.14	−0.32	−0.53	−0.73	−0.96	−1.22	−1.59
	W20	0.38	0.22	0.16	0.05	−0.09	−0.23	−0.41	−0.71	−1.10	−1.50	−1.73
去声	M15	0.20	0.22	0.29	0.37	0.45	0.64	0.92	1.33	1.80	2.16	2.41
	W20	0.10	0.01	0.03	0.06	0.17	0.33	0.59	0.94	1.33	1.72	2.04
入声	M15	−0.55	−0.77	−0.84	−0.90	−0.95	−0.90	−0.77	−0.53	−0.30	−0.12	0.03
	W20	−0.28	−0.85	−1.01	−1.04	−0.99	−0.92	−0.76	−0.54	−0.33	−0.10	0.49

图 7 - 2 是喇叭话声调实验所得调形格局图，与发音人 M15 和 W20 所对

应的分别是左图和右图。

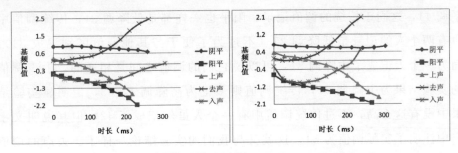

图 7 - 2 喇叭话基于基频标准化值的调形格局图

喇叭话的调形格局图（图 7 - 2）中两个不同性别发音人的同调类声调曲线并无本质的差异，但是高度上仍然存在细微不同。表 7 - 4 中的实验调值就是基于图 7 - 2 归纳而来的。

表 7 - 4 喇叭话声调的实验调值

发音人	阴平	阳平	上声	去声	入声
M15	44	21	31	35	223
W20	44	21	31	35	324

从图 7 - 2 和表 7 - 4 可以看到，虽然总结的个别实验调值（主要是入声）之间有细微差别（男发音人入声调值稍低于女发音人），但其基本走势还是一样的，所以两位发音人的调形格局仍然可以说是相同的。从与传统调值（表 7 - 5）的对比中来看，两者的差别是不大的。

表 7 - 5 喇叭话方言声调的传统调值

传统调值	阴平	阳平	上声	去声	入声
传统调值 1 （贵州省地方志编纂委员会，1998：7）	44	31	42	35	213
传统调值 2 （范朝康，2002：86—90）	44	31（21）	42（31）	35	213
传统调值 3 （蔡鸿，2005：67—69）	44	21	53	35	13
传统调值 4 （吴伟军，2019：18）	44	21	42	35	13

在喇叭话调形格局与调值的归纳中，阴平在不同的发音人中都是半高平调44，这同于传统的调值记录。阳平也一样都是低降调21；传统调值中也有两个人的记录是低降调21（不过为了便于与其他调值区别记成31），而另一个人记成了中降调31，可以说它们的调值之间是相通的。上声调值的实验结果为中降调31，传统调值则多记为高降调42/53，但明显实验结果中没有这么高，不过传统调值中有一个人虽然记成了42，但其说明文字当中注明了实际调值为31，这就又与我们的实验结论一样了。去声的调值在传统与实验中达到了平衡，中升调35是共同的结果。入声在实验中归纳作低平升调223（其实前面也有明显凹势，但是都处在同一度之中）或低凹调324，这与传统的低（前）凹调213无异；当然传统上也有记成低升调13的，这就又合乎入声的前部降势为次（下降小）、后部升势是主（上升大）的整体特征。

从以上的分析可见，本次实验中两位发音人的调形格局（图7-2）可以说是完全相同的，都可以归纳成"半高平—低降—中降—高升—低凹"的格局类型。而根据传统调值可以归纳出以阳平、上声和入声相区别的两种基本调形格局：其一是"半高平—中降—半高降—高升—低凹"；其二是"半高平—低降—高半降—高升—低升"。比较而言，实验与传统调形格局在整体上很是相近，特别是阴平、去声和入声，但也在阳平和上声上存在一定的区别。

二、调域研究

M15、W20两人的喇叭话的调域数据见表7-6。

表7-6　喇叭话声调调域的最高值、最低值和调域（Hz)

发音人	最高值	最低值	调域
M15	225	97	128
W20	284	135	149

在表7-6基础上所作的喇叭话声调调域图可见图7-3。

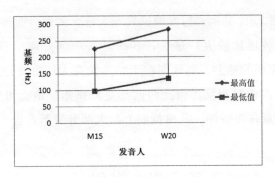

图 7-3　喇叭话声调调域的最高值、最低值和调域图

从两位发音人喇叭话调域（表 7-6、图 7-3）之对比中可知，女发音人 W20 的调域和最高/低值都大于男发音人 M15。

三、时长研究

表 7-7 是发音人 M15、W20 喇叭话声调的时长。

表 7-7　喇叭话声调的时长

发音人	时长	阴平	阳平	上声	去声	入声
M15	绝对时长（单位 ms）	260	231	218	264	308
	相对时长	1.02	0.90	0.85	1.03	1.20
W20	绝对时长（单位 ms）	415	296	386	451	467
	相对时长	1.03	0.74	0.96	1.12	1.16

图 7-4 是发音人 M15（左图）、W20（右图）喇叭话声调的标准化了的相对时长图。

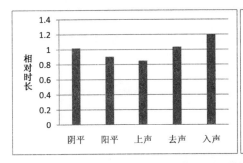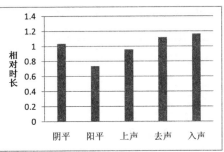

图 7-4　喇叭话声调的相对时长图

表7-7和图7-4显示，男女两性发音人皆为入声（曲折调，凹拱形，而且女发音人的凹势还比较大）最长，其次是去声（升调），第三是阴平（平调），这是它们相同的地方。其区别在于，男发音人最短的是上声，次短的是阳平，而女发音人正好相反，而此两调都是降拱形。由上可知，喇叭话时长和拱形关系的特点在曲折调、非曲折调上与大部分贵州方言一样。

第二节　屯堡话

屯堡话是贵州省安顺市西秀区以及平坝区、镇宁县、普定县和紫云县一带的居民使用的一种汉语方言，使用人口约30万人。（龙异腾、吴伟军、宋宣、明生荣，2011：1）

屯堡话作为一种比较特殊的汉语方言正得到越来越多的关注和重视。目前有关屯堡话的研究成果主要有《屯堡方言初探》（伍安东、吕燕平，2004：17-20，80）、《屯堡方言声调系统共时历时比较》（吴伟军，2007：38-42）、《贵州九溪音与北京音的声韵调比较概况》（李丰，2009：15-18）、《黔中屯堡方言研究》（龙异腾、吴伟军、宋宣、明生荣，2011）、《"言旨话"与屯堡人的历史记忆》（张定贵，2011：28-32）、《屯堡言旨话的语言特点及语言技巧来源初探》（杨明，2012：35-37，100）和《贵州天龙话与平坝话的语音比较》（班阳，2014：15-16）等。以上是关于屯堡话的传统研究成果，实验研究成果主要是《贵州屯堡方言单字调实验研究》（班阳，2014：35-38）等。可以说，对于屯堡话的研究既有论文，也有专著，是相对比较充分的，特别是《黔中屯堡方言研究》（龙异腾、吴伟军、宋宣、明生荣，2011）是屯堡话研究得最全面，也是最具系统性的成果，是对屯堡话研究的权威之作，有效促进了屯堡话的研究。屯堡话声调实验研究的两位发音人为M13和W18，都属于老派方言。

一、基频研究

1. 原始基频

表7-8和表7-9是屯堡话声调的基频和样本数等数据。

表 7 - 8　M13 屯堡话声调的基频均值、标准差（Hz）和样本数（个）

调类	基频	0%	10%	20%	30%	40%	50%	60%	70%	80%	90%	100%	样本数
阴平	基频均值	237	236	231	226	220	216	213	212	213	215	221	13
	标准差	11	13	13	10	8	7	6	6	7	8	15	
阳平	基频均值	177	178	175	167	159	150	142	135	127	121	116	12
	标准差	8	10	11	10	9	7	6	6	5	4	5	
上声	基频均值	223	224	215	205	193	183	173	161	149	136	126	13
	标准差	17	15	15	13	11	12	12	12	12	5	7	
去声	基频均值	180	167	168	169	174	182	196	210	221	227	232	13
	标准差	13	8	8	8	10	10	12	14	14	13	15	

表 7 - 9　W18 屯堡话声调的基频均值、标准差（Hz）和样本数（个）

调类	基频	0%	10%	20%	30%	40%	50%	60%	70%	80%	90%	100%	样本数
阴平	基频均值	323	322	325	324	323	321	318	314	310	307	317	12
	标准差	22	10	12	12	12	12	11	11	13	13	11	
阳平	基频均值	272	268	262	255	246	235	220	201	180	158	144	13
	标准差	16	11	10	10	11	11	10	10	10	10	8	
上声	基频均值	304	307	305	300	290	276	255	226	196	167	148	13
	标准差	9	14	15	14	14	12	15	18	17	10	7	
去声	基频均值	231	243	263	281	293	302	311	318	325	342	361	13
	标准差	10	11	12	10	9	7	9	11	12	18	24	

　　根据表 7 - 8、表 7 - 9 中的基频均值作了屯堡话的调形格局图（图 7 - 5，左为 M13，右为 W18）

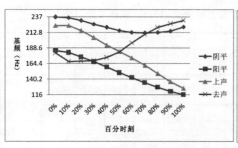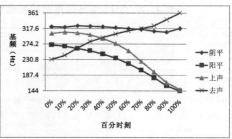

图 7 - 5 屯堡话基于基频均值的调形格局图

屯堡话阴平基本上为平而直的曲线形态，但都存在一定的降势，特别是男发音人降势比女发音人还大些，位置都非常高。阳平和上声为同拱形声调（降拱），它们的调尾高度相近，但前者调头较低后者调头较高，男女两位发音人有微异，差别只是女发音人上声更多地表现出了前部稍平的高弯降调的特征。去声是一个升拱形（高升调），但是男发音人的调头处还表现出了轻微的下降趋势，而女发音人则是直升。以上这些都能够在图 7 - 5 中较为清晰地显示出来。

2. 基频标准化

表 7 - 10 是 M13、W18 屯堡话声调的基频标准化数据。

表 7 - 10 屯堡话声调的基频标准化值

调类	发音人	0%	10%	20%	30%	40%	50%	60%	70%	80%	90%	100%
阴平	M13	1.30	1.27	1.17	1.04	0.91	0.80	0.73	0.70	0.73	0.77	0.93
	W18	0.76	0.74	0.80	0.79	0.77	0.73	0.69	0.64	0.57	0.53	0.68
阳平	M13	−0.27	−0.26	−0.36	−0.60	−0.87	−1.18	−1.46	−1.76	−2.07	−2.34	−2.56
	W18	−0.07	−0.14	−0.25	−0.38	−0.55	−0.77	−1.09	−1.52	−2.05	−2.67	−3.12
上声	M13	0.97	0.99	0.78	0.50	0.18	−0.10	−0.41	−0.79	−1.23	−1.70	−2.12
	W18	0.47	0.52	0.48	0.40	0.24	0.00	−0.37	−0.98	−1.66	−2.42	−3.02
去声	M13	−0.18	−0.58	−0.56	−0.54	−0.39	−0.13	0.28	0.64	0.91	1.06	1.17
	W18	−0.85	−0.62	−0.22	0.09	0.29	0.44	0.58	0.69	0.80	1.05	1.29

屯堡话基于标准化数据的调形格局见图 7 - 6，其中左右两图分别是 M13 和 W18。

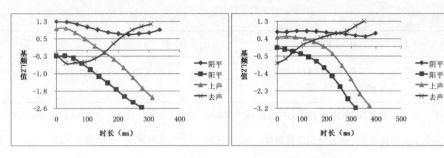

图 7-6 屯堡话基于基频标准化值的调形格局图

图 7-6 中所显示的两位不同性别发音人的屯堡话调形格局图特别相似，甚至连同调类声调的高度都是一样的。由图 7-6 总结所得的屯堡话实验调值在表 7-11 当中。

表 7-11 屯堡话声调的实验调值

发音人	阴平	阳平	上声	去声
M13	55	41	51	35
W18	55	41	51	35

图 7-6 中可见屯堡话的两位发音人的调形格局是相同的，都是"高平—半高降—高降—中升"（"平—降—降—升"）的格局，只是男发音人阳平的调头稍低。从实验调值来看，两位发音人的实验调值（表 7-11）都是相同的（男发音人阳平的调头虽然低于女发音人，但仍然处于 4 度当中）。

将表 7-11 中屯堡话的实验调值和表 7-12 中的传统调值进行对比之后即可发现，它们之间尽管有相同的调值，但也有不小的差异。

表 7-12 屯堡话声调的传统调值

传统调值	阴平	阳平	上声	去声
传统调值 1 （贵州省地方志编纂委员会，1998:118；吴伟军，2007:38-42；班阳，2014:15-16）	33	21	42	35
传统调值 2 （伍安东、吕燕平，2004:17-20,80）	55/44	22/11	51/53	35
传统调值 3 （李丰，2009:15-18）	33	21	43	35

基于实验分析的贵州汉语方言声调类型特征研究

（续表）

传统调值	阴平	阳平	上声	去声
实验调值（班） （班阳，2014：35-38）	44	21	43	35

注：①"传统调值2"中由于伍文对屯堡话声调的描写用的是文字描述，没有用五度制，而本表中的调值是我们根据文字描述来拟测的调值，所以用斜体标示。②本表中"实验调值（班）"是附于此的一个对屯堡话（天龙话）进行实验研究所得的实验调值。

屯堡话实验所得的阴平调值和传统调值都是平调，较为一致，但实验为高平调55，传统上常作中平调33，这两度的差别不能说小。当然传统调值2以及实验调值（班）也都有高调55或44的记录，这说明屯堡话阴平在平调之上，其高度上的高才应是共同特征点。阳平实验调值是半高降调41（其中男发音人记成31也未尝不可），但这仍然比以前的低降调21［传统调值1、3和实验调值（班）］高。实验中上声调值为51（全降或高降调），以往的传统或实验结果则是调头更低和调尾更高的调值42/43（半高降）。虽然阳平和上声在实验与传统之间有高度上的差异，但它们作为降调的基本特征还是等同的。去声为中升调35，传统调值（35）也与此特别对应。屯堡话的四个声调在拱形上高度一致，但是在具体调值上也显示出了较大的高度上的差别，造成这种传统与实验之间，甚至传统之间调值差异的原因，我们认为很可能是屯堡话内部存在差别所致。

二、调域研究

表7-13是屯堡话的调域数据。

表7-13　屯堡话声调调域的最高值、最低值和调域（Hz）

发音人	最高值	最低值	调域
M13	237	116	121
W18	361	144	217

屯堡话的调域图（据表7-13的调域数据）见图7-7。

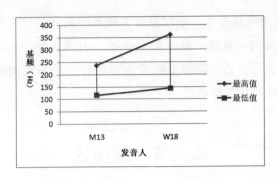

图7-7　屯堡话声调调域的最高值、最低值和调域图

　　基于表7-13和图7-7的屯堡话调域数据/图显示，在极值和调域上仍是女发音人大于男发音人，且在调域上还有较大的差距。

三、时长研究

　　表7-14是M13、W18屯堡话声调的（绝对/标准化）时长数据。

表7-14　屯堡话声调的时长

发音人	时长	阴平	阳平	上声	去声
M13	绝对时长（单位 ms）	336	278	312	308
	相对时长	1.09	0.90	1.01	1.00
W18	绝对时长（单位 ms）	397	319	374	353
	相对时长	1.10	0.89	1.04	0.98

　　根据表7-14屯堡话声调的绝对时长数据，不难发现相同声调在男女两性发音人当中的差距，虽然都是女发音人的长，男发音人的短。

　　图7-8中的两个图（从左到右）是屯堡话两位发音人（M13、W18）的声调的标准化后的相对时长图。

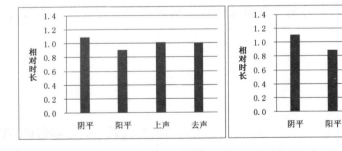

图7-8　屯堡话声调的相对时长图

通过图 7-8 可直观察知，不同发音人所有声调在各自声调系统中的时长顺序表现出了很大的一致性，都是阴平居首，上声在次，去声排三，阳平最末。而屯堡话时长与拱形、高度方面成规律的特点是高平调要长于其他升调或降调，但是低降调比高降调短。

第三节　酸汤话

酸汤话是湘黔交界处苗族所说的一种汉语方言，具体分布区域包括贵州的天柱县、锦屏县和黎平县靠湖南的一带，以及湖南的会同县、靖州苗族侗族自治县、通道侗族自治县、芷江侗族自治县和新晃侗族自治县等靠贵州一带的部分乡镇，使用人口呈逐年下降的趋势。酸汤话既不同于西南官话，也不同于湘方言，但与这两种方言又有着十分密切的关系。从其语音特征来看，有人认为可以划为湘方言，以靖州苗族侗族自治县的三锹乡为界分为南片和北片。（刘宗艳，2014：2，190）

有关酸汤话的研究成果不在少数，起步也较早，但都是传统研究成果。例如《黔湘边界"酸汤话"音系记略》（杨学军，1996）、《"酸汤话"音系记略（续）》（杨学军，2006）、《酸汤话内部差异研究》（张雄，2007）、《"酸汤话"研究述略》（李蕊，2011）、《湘西南酸汤话语音研究》（谢玲，2011）、《湘西南酸汤话的演变与归属》（瞿建慧，2011）、《锹里地区"酸汤话"语音研究》（杨钦，2012），以及《酸汤话的混杂性观察》（刘宗艳，2013）、《酸汤话研究》（刘宗艳，2014）等，都是关于酸汤话研究的代表性论文。关于酸汤话实验研究的论著至今未见。酸汤话一般有 5 到 6 个声调，其具体调值在不同研究者的结论中都不尽相同（详后）。本次酸汤话声调实验研究的三位发音人为 M7、M8 和 W10，分属于贵州境内酸汤话的代表方言点远口镇和白市镇，都属于中新派方言。

一、基频研究

1. 原始基频

表 7-15、表 7-16 和表 7-17 是三位发音人的酸汤话声调基频的相关数据（包括基频均值、标准差和样本数）。

表 7 - 15　M7 酸汤话声调的基频均值、标准差（Hz）和样本数（个）

调类	基频	0%	10%	20%	30%	40%	50%	60%	70%	80%	90%	100%	样本数
阴平	基频均值	136	132	135	137	138	141	142	141	139	136	131	8
	标准差	7	6	7	6	6	7	9	9	10	11	11	
阳平	基频均值	211	220	218	210	199	186	171	155	141	128	116	13
	标准差	8	10	11	10	9	8	8	7	7	7	8	
上声	基频均值	198	202	212	219	223	223	222	220	218	215	209	13
	标准差	8	11	11	10	9	8	8	9	10	11	14	
阴去	基频均值	144	143	151	165	180	193	202	207	210	212	213	13
	标准差	11	12	13	12	11	10	9	8	9	10	11	
阳去	基频均值	162	160	164	165	164	164	163	162	161	156	150	7
	标准差	10	10	8	8	8	7	7	6	7	8	11	

表 7 - 16　M8 酸汤话声调的基频均值、标准差（Hz）和样本数（个）

调类	基频	0%	10%	20%	30%	40%	50%	60%	70%	80%	90%	100%	样本数
阴平	基频均值	114	114	116	119	123	126	128	127	121	114	104	10
	标准差	10	9	8	7	7	6	7	9	9	12	14	
阳平	基频均值	141	138	133	128	123	118	113	109	104	100	97	12
	标准差	7	5	4	4	3	3	3	3	3	5	5	
上声	基频均值	157	164	172	181	188	191	188	178	164	145	124	13
	标准差	9	10	12	13	14	12	11	10	10	10	6	
阴去	基频均值	120	127	137	150	160	168	171	166	153	134	113	11
	标准差	8	10	11	10	11	10	7	6	7	8	12	
阳去	基频均值	130	131	131	131	132	132	132	130	127	122	116	13
	标准差	4	6	6	5	5	5	5	7	7	8	8	

表 7-17　W10 酸汤话声调的基频均值、标准差（Hz）和样本数（个）

调类	基频	0%	10%	20%	30%	40%	50%	60%	70%	80%	90%	100%	样本数
阴平	基频均值	216	207	199	194	193	195	199	203	208	210	209	9
	标准差	11	7	6	8	10	10	10	10	11	15	19	
阳平	基频均值	325	328	327	317	299	273	244	216	191	172	156	13
	标准差	20	11	10	10	13	14	13	11	8	7	6	
上声	基频均值	260	269	283	294	301	305	307	307	305	296	271	13
	标准差	9	10	11	13	14	14	15	17	18	18	16	
阴去	基频均值	205	207	213	226	243	261	279	294	305	312	315	12
	标准差	7	9	12	15	17	17	16	14	14	14	14	
阳去	基频均值	223	222	223	224	225	224	222	221	221	221	220	7
	标准差	12	11	8	8	9	9	10	10	10	9	10	

图 7-9 为酸汤话的基频均值调形格局图，M7 见上左图，M8 见上右图，W10 见下图。

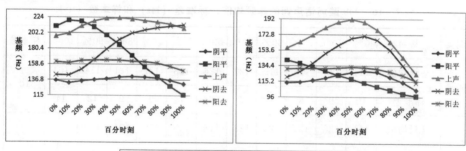

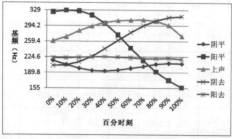

图 7-9　酸汤话基于基频均值的调形格局图

在图 7-9 中不难发现，酸汤话阴平的拱形是一条总体趋势稍平的曲线，但两个男发音人都有前部微升而后部稍降的趋势，而女发音人则是先微降再微升，位置较低。阳平都是降拱形，远口镇呈现为高降拱形，且前部有轻微的升调头，有高弯降特征；而白市镇则是低降拱形。上声在远口镇是高凸拱形，但后部降势较小，而白市镇则是典型的高凸降拱形，它们都处于其格局的中上部，特别是上部。阴去在远口镇那里是低升拱形，而在白市镇那里则呈低凸拱形。阳去在所有的发音人那里都表现为平拱形，但都包含不大的下降调尾，居于它所在的调形格局的中偏下的部位。

2. 基频标准化

表 7-18 是三位发音人的酸汤话声调的基频标准化值。

表 7-18 酸汤话声调的基频标准化值

调类	发音人	0%	10%	20%	30%	40%	50%	60%	70%	80%	90%	100%
阴平	M7	-1.45	-1.61	-1.52	-1.42	-1.37	-1.28	-1.25	-1.29	-1.34	-1.46	-1.68
	M8	-0.95	-0.92	-0.82	-0.68	-0.51	-0.37	-0.30	-0.36	-0.63	-0.95	-1.44
	W10	-0.81	-1.04	-1.26	-1.41	-1.44	-1.39	-1.28	-1.16	-1.03	-0.97	-1.01
阳平	M7	0.93	1.14	1.10	0.91	0.60	0.24	-0.23	-0.75	-1.26	-1.80	-2.35
	M8	0.24	0.10	-0.08	-0.30	-0.52	-0.73	-0.96	-1.18	-1.40	-1.64	-1.80
	W10	1.38	1.45	1.42	1.27	0.94	0.45	-0.16	-0.82	-1.49	-2.06	-2.59
上声	M7	0.57	0.67	0.95	1.12	1.22	1.23	1.19	1.14	1.10	1.03	0.87
	M8	0.80	1.04	1.31	1.59	1.79	1.88	1.79	1.51	1.05	0.37	-0.44
	W10	0.19	0.37	0.64	0.84	0.98	1.05	1.08	1.09	1.04	0.87	0.40
阴去	M7	-1.17	-1.18	-0.89	-0.43	0.04	0.45	0.69	0.82	0.89	0.94	0.98
	M8	-0.63	-0.35	0.08	0.56	0.90	1.19	1.28	1.13	0.69	-0.03	-0.97
	W10	-1.11	-1.07	-0.89	-0.58	-0.20	0.20	0.56	0.85	1.05	1.17	1.22
阳去	M7	-0.51	-0.57	-0.46	-0.43	-0.43	-0.44	-0.47	-0.50	-0.56	-0.72	-0.94
	M8	-0.19	-0.16	-0.16	-0.14	-0.13	-0.10	-0.11	-0.19	-0.33	-0.54	-0.83
	W10	-0.66	-0.67	-0.64	-0.62	-0.61	-0.63	-0.67	-0.70	-0.71	-0.69	-0.73

在图 7-10 酸汤话的调形格局图中，上左图与 M7 对应，上右图与 M8 对应，下图与 W10 对应。

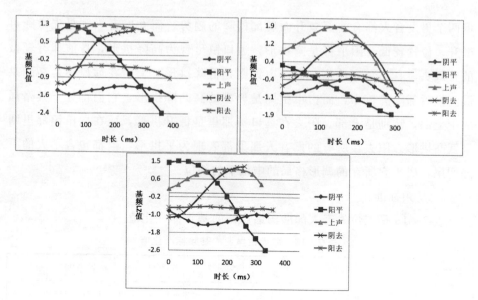

图 7-10　酸汤话基于基频标准化值的调形格局图

表 7-19 是在图 7-10 之上所概括的酸汤话的实验调值。

表 7-19　酸汤话声调的实验调值

发音人	阴平	阳平	上声	阴去	阳去
M7	22	51	455	25	33
M8	22[1]	31	45[2]	25[2]	33[2]
W10	[3]22	51	455[4]	25	33

　　酸汤话的所有发音人的调形格局（图 7-10）非常相似，尤其是远口的两位发音人，但是具体的实验调值（表 7-19）之间还是存在一定的分歧。远口与白市酸汤话声调的最大差别在于阳平的高度上，而其他声调调值之间的差别并不大。白市除阳平之外的其他声调调值都有或大或小的降尾，这极可能是发音人的风格不同所致，如果去掉这个降尾，则其拱形与调值就与其他人很相近了。如若从这个角度思考下去，应该更倾向于认为实验调值当中的降尾是发音人的个人风格，并不代表白市酸汤话的实际调值就是如此。所以，在归纳白市酸汤话的实验调值时，我们将这些降尾弱化，以上标的小数字标示。那么，回过头来再看前文对白市酸汤话各声调拱形的分析，当时所看到的上声和阴去的凸降拱形就不是真正的凸降拱形了，而是应该认为是两个升

130

拱形了。

酸汤话的实验调值（见表7-19）与传统调值（见表7-20）无论是在曲拱形态还是高度上都还是存在着不小的差异的。

表 7-20 酸汤话声调的传统调值

方言点	传统调值	阴平	阳平	上声	阴去	阳去
远口	传统调值1 （张雄，2007：11）	13	41（412）	55（54）	35	33
	传统调值2 （刘宗艳，2014：29）	55	312（31）	22	215	33
白市	传统调值3 （杨学军，1996：50-56）	213	31	35（24）	55（45）	13
	传统调值4 （贵州省地方志编纂委员会，1998：124）	13	31	55	35	33

先来看一下酸汤话的传统调值。在表7-20酸汤话的所有传统调值中，同一个调类的调值之间大部分都具有很高的相似性，但有的差别也较大，不仅有高度的差别，也有拱形的差别。阴平有的记成高平调，有的记成低升调或低凹调，甚至远口和白市内部也有差别。这种差别的情况还存在于阳平、上声、阴去和阳去当中。差别相对较小的是阳平和远口的阳去。在实验调值中，阴平或为低平调22，或是带有小降调尾的低平调22^1，或是有小降调头的低平调^{322}，这和过去记录的传统值有一定分别。阳平中，远口是高降调51，白市是中降调31，和传统的调值相比，远口差距大而白市无差距。上声中，远口是高升平调455或455^4，其实二者拱形是相同的，基本上可以认为是高平调，近似于传统调值中的高平调（或高微降调），但是却与低平调22相去甚远；白市的调值归纳成了高升调45^2（那个不小的降段当成了冗余部分），如此就与传统调值55（或35）相像。远口和白市的阴去与传统调值同为低升调$25/25^2$。阳去与大部分传统调值一样同为中平调33，部分有轻微的降尾，但传统调值中依旧有异于此的低升调13。

通过实验调值与传统调值的对比分析，可以在实验调值基础上极尽追求一致性的情况下概括酸汤话的调形格局。酸汤话的调形格局可以分为两种类型：远口型为"低平—高降—高升平—低升—中平"的格局类型，白市型为"低平—中降—高升—低升—中平"的格局类型。

从传统调值之间的差异、实验调值之间的差异以及传统调值和实验调值之间的差异来看，酸汤话的内部差异（包括声调差异）应该是比较大的。在对酸汤话进行研究时，要想获得全面而准确的方言状况，就不能再像现在这样进行选点式的调查与研究了，而是应该做逐个方言点（甚至具体到村）的方言普查，从中发现酸汤话内部的同与异，从而最终确定能代表酸汤话的典型方言点。

二、调域研究

表 7 - 21 是所有发音人酸汤话的调域数据。

表 7 - 21　酸汤话声调调域的最高值、最低值和调域（Hz）

发音人	最高值	最低值	调域
M7	223	116	107
M8	191	97	94
W10	315	156	159

运用表 7 - 21 中的数据可以刻画出图 7 - 11 酸汤话声调的调域图。

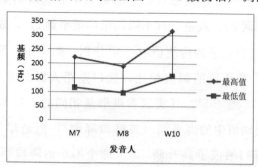

图 7 - 11　酸汤话声调调域的最高值、最低值和调域图

酸汤话调域（图 7 - 11）的分布表明，M7、M8 的调域较小，W10 则大得多，最高和最低值亦如此，这是贵州大部分方言中调域的规律性体现。

三、时长研究

三位发音人 M7、M8、W10 酸汤话声调的时长见下表 7－22。

表 7－22 酸汤话声调的时长

发音人	时长	阴平	阳平	上声	阴去	阳去
M7	绝对时长（单位 ms）	398	361	326	262	389
	相对时长	1.15	1.04	0.94	0.76	1.12
M8	绝对时长（单位 ms）	307	290	277	305	314
	相对时长	1.03	0.97	0.93	1.02	1.05
W10	绝对时长（单位 ms）	336	333	318	260	359
	相对时长	1.05	1.04	0.99	0.81	1.12

图 7－12 是发音人 M7、M8、W10 的酸汤话声调的相对时长图（三位发音人分别对应于上左图、上右图和下图）。

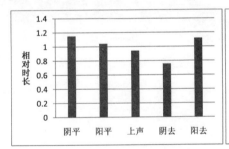 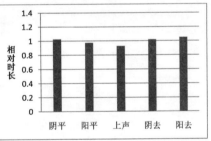

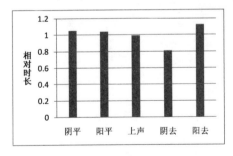

图 7－12 酸汤话声调的相对时长图

酸汤话的阴平、阳去都长于阳平、上声和阴去，阳平又长于上声，这是在所有发音人的声调时长（表 7－22 和图 7－12）中都相对统一的特点。但是，各声调的时长顺序在不同发音人中都存在大小不一的差别。在同为远口方言代表的 M7、W10 中，除了阴平与去声互为前者和后者最长和次长的声调之外，阳平、上声、阴去从大至小的时长顺序是完全相同的。而作为白市方言代表的 M8，除了最长的阳去和次长的阴平外，则呈现为上声＜阳平＜阴去的时长排列，这与远口的情形还是有一定的差异。对于酸汤话的时长、拱形这两者之间的关系，主要是平拱形（包括低平和中平）要长于降拱形（包括直降和凸降）和升拱形，在降拱形当中直降拱形又长于凸降拱形。

第八章

贵州汉语方言声调的类型特征

在本章中，基于本书所有代表方言点来探讨贵州汉语方言声调的拱形、调形格局、调域和时长等的整体性类型特征。

第一节　拱形特征

本书第二章至第七章通过对贵州省境内所有代表汉语方言点的录音数据进行统计和分析，较为详细地刻画了每个方言点所有发音人的调形格局，不同声调的拱形特征都呈现在了各个发音人的调形格局图中。这里所分析的各方言点声调的拱形特征并不是根据实验调值再概括出来的拱形，而是基于各个调类的基频，这样应该更符合拱形的实际。

从不同区属、不同地域和不同性别或年龄等角度来看，贵州汉语方言各方言点的声调的拱形特征主要包括以下几个方面：

第一，阴平的拱形特征主要表现为平拱形和升拱形。从不同区属的角度来看，表现为平拱形的，主要分布在属于西南官话川黔片的安顺、兴义、毕节，湖广片的黎平，桂柳片的都匀、凯里以及其他汉语方言的喇叭话、屯堡话、酸汤话等方言中；表现为升拱形的，主要分布在属于西南官话川黔片的贵阳、六盘水、铜仁，西蜀片的遵义、赤水、威宁，湖广片的玉屏、剑河等方言中。从地域分布上来看，平拱形分布地域是贵州省的西部和南部，而升

拱形是中部、东北部和东部。从不同年龄的角度来看，在表现为平拱形的范围内没有发现年龄上的差异；但在表现为升拱形的范围内，明显体现出了年龄较大的发音人升势小而年龄较小的发音人升势大的特点。

第二，阳平的拱形特征主要表现为降拱形，也有表现为平拱形或升拱形的。从不同区属的角度来看，除了西南官话川黔片的铜仁方言有一部分表现为平拱形，湖广片的玉屏方言是降升降双折拱形、黎平方言是凹拱形之外，其他方言点都是降拱形。在所有的降拱形当中，大部分表现为直降拱形，但分属西南官话湖广片和桂柳片的剑河和都匀方言却表现为弯降或凸降拱形。贵州中部、西部、北部和南部是降拱形的分布区域，而东部和东南部则分布着其他拱形。

第三，上声的拱形特征主要表现为降拱形，个别为升拱形。在所有上声的拱形当中，只有属于西南官话桂柳片的都匀和凯里方言的上声是升拱形，其他方言都是降拱形。在所有的降拱形当中，除了最多的直降拱形之外，还有较多的弯（凸）降拱形，这比阳平中的弯（凸）降拱形还要多，如西南官话中的遵义、玉屏、赤水和兴义方言等，还包括酸汤话。在地域上，降拱形分布在贵州的中、西、北和东部，而升拱形分布在南部。

第四，去声的拱形特征主要表现为凹拱形和升拱形。从不同区属的角度来看，凹拱形都分布在西南官话中，包括属于西南官话川黔片的贵阳、安顺、兴义、毕节、六盘水、铜仁等方言，西蜀片的遵义、赤水、威宁方言，桂柳片的凯里方言等。升拱形既有属于西南官话的，也有属于其他汉语方言的，前者包括湖广片的玉屏、剑河方言，后者则有喇叭话、屯堡话和酸汤话（阴去）。凹拱形的所在地域为贵州的北部，升拱形则在南部。

此外，去声还有表现为平拱形和凸拱形的，前者为都匀方言、酸汤话（阳去），后者则为黎平方言。

第五，入声的拱形特征主要表现为凹拱形、降拱形和平拱形。从不同区属的角度来看，表现为凹拱形的主要是西南官话湖广片的黎平方言和其他汉语方言中的喇叭话；表现为降拱形的是西南官话桂柳片的都匀方言；表现为平拱形的是西南官话西蜀片的赤水方言。由于有入声的方言较少，它们在地域上的分布规律性不强。

第二节　调形格局特征

本书第二章到第七章中有对贵州汉语方言各方言点实验调值和调形格局的描写和刻画，在本节中汇总起来共同探讨它们所表现出来的调形格局特征，包括调形格局本身所体现的特征、调形格局在地理分布上的特征以及调形格局的演化特征三个方面。

我们将前面各章所得到的各方言点所有发音人的实验调值汇总于表 8-1，并以此为基础再概括和分析贵州汉语方言声调的调形格局特征。

表 8-1　贵州汉语方言的实验调值

方言归属	方言点	发音人	平声		上声	去声		入声
			阴平	阳平	上声	阴去	阳去	
川黔片	贵阳方言	M11	45	41	52	$^{2}23$		
		W15	45	31	42	$^{2}12$		
	安顺方言	M12	55	41	53	$^{3}24$		
		W16	55	41	54	$^{4}34$		
		W17	55	31	42	$^{2}13$		
	兴义方言	M14	44	41	51	213		
		W19	33	41	52	223		
	毕节方言①	M17	55	51	53	323		
		W24	55	51	53	$^{3}23$		
	六盘水方言	M16	55	41	53	33		
		W21	55	41	42	223		
		W22	55	41	44	$^{3}23$		
		W23	55	31	42	313		

---

① 毕节方言的调值使用了两位发音人的材料，依本书编号依序命名为 M17 和 W24，其所对应的发音人为《毕节方言声调实验研究》（明茂修，2012）中的 M1 和 W1。毕节方言的这两位发音人所说的都属于中老派方言。

（续表）

方言归属	方言点	发音人	平声		上声	去声		入声
			阴平	阳平	上声	阴去	阳去	
川黔片	铜仁方言	M2	45	11	51	14		
		M3	44	21	51	14		
		W5	44	²11	51	²14		
		W6	55	323	51	325		
西蜀片	遵义方言	W1	55	41	551	34		
		W3	35	31	441	²12		
		W4	35	41	442	324		
	赤水方言	M1	35	31	441	213		33
		W2	55	41	51	322		⁴33
	威宁方言①	M18	45	31	44	13		
		M19	35	41	54	23		
		W25	45	41	52	324		
		W26	45	41	55	213		
湖广片	玉屏方言	M4	14	11	331	45		
		W7	24	2121	441	45		
	剑河方言	M6	342	221	41	452		
		W9	34	221	51	35		
	黎平方言	M9	33	22	31	553		23
		W11	33	23	31	55		23
		W12	33	23	31	55		³24

---

① 威宁方言采用了发音人 M18、M19 和 W25、W26（这是在本书中的编号，分别对应原文 M1、M2 和 W1、W2）的实验结果，具体实验调值可见《贵州威宁方言单字调声学实验分析》（明茂修，2011）一文。

（续表）

方言归属	方言点	发音人	平声		上声	去声		入声
			阴平	阳平	上声	阴去	阳去	
桂柳片	都匀方言	M10	^{3}22	^{4}55	24	11		51
		W13	33	551	34	22		51
		W14	^{4}33	554	23	21		51
	凯里方言	M5	44	41	55	25		
		W8	44	41	55	23		
其他汉语方言	喇叭话	M15	44	21	31	35		223
		W20	44	21	31	35		324
	屯堡话	M13	55	41	51	35		
		W18	55	41	51	35		
	酸汤话	M7	22	51	455	25	33	
		M8	22^1	31	45^2	25^2	33^2	
		W10	^{3}22	51	455^4	25	33	

表 8-1 中的实验调值是根据各个发音人的调形格局概括和总结出来的，与本书第二章到第七章以及本章第一节论述的拱形两相比较，从中可以看到，尽管有的方言的声调曲线是同拱形的，但归纳、概括出来的调值却发生了一定的变化。表 8-2 是根据表 8-1 中的实验调值再概括出的各方言点不同发音人的声调的基本拱形。

表 8-2　贵州汉语方言声调的拱形

方言归属	方言点	发音人	平声		上声	去声		入声
			阴平	阳平	上声	阴去	阳去	
川黔片	贵阳方言	M11	升	降	降	升		
		W15	升	降	降	升		
	安顺方言	M12	平	降	降	升		
		W16	平	降	降	升		

（续表）

方言归属	方言点	发音人	平声		上声	去声		入声
			阴平	阳平	上声	阴去	阳去	
川黔片	安顺方言	W17	平	降	降	升		
	兴义方言	M14	平	降	降	凹		
		W19	平	降	降	升		
	毕节方言	M17	平	降	降	凹		
		W24	平	降	降	升		
	六盘水方言	M16	平	降	降	平		
		W21	平	降	降	升		
		W22	平	降	降	升		
		W23	平	降	降	凹		
	铜仁方言	M2	升	平	降	升		
		M3	平	平	降	升		
		W5	平	平	降	升		
		W6	平	凹	降	凹		
西蜀片	遵义方言	W1	平	降	降	升		
		W3	升	降	降	升		
		W4	升	降	降	凹		
	赤水方言	M1	升	降	降	凹		平
		W2	升	降	降	降		平
	威宁方言	M18	升	降	降	升		
		M19	升	降	降	升		
		W25	升	降	降	凹		
		W26	升	降	降	凹		
湖广片	玉屏方言	M4	升	平	降	升		
		W7	升	降升降	降	升		

（续表）

方言归属	方言点	发音人	平声		上声	去声		入声
			阴平	阳平	上声	阴去	阳去	入声
湖广片	剑河方言	M6	升	降	降	升		
		W9	升	降	降	升		
	黎平方言	M9	平	平	降	降		升
		W11	平	升	降	平		升
		W12	平	升	降	平		升
桂柳片	都匀方言	M10	平	平	升	平		降
		W13	平	降	升	平		降
		W14	平	降	升	降		降
	凯里方言	M5	平	降	平	升		
		W8	平	降	平	升		
其他汉语方言	喇叭话	M15	平	降	降	升		凹
		W20	平	降	降	升		凹
	屯堡话	M13	平	降	降	升		
		W18	平	降	降	升		
	酸汤话	M7	平	降	平	升	平	
		M8	平	降	升	升	平	
		W10	平	降	平	升	平	

一、两类调形格局

从表8－1中的实验调值概括出来的各声调的基本拱形（表8－2）与本书第二章到第七章对各方言点不同发音人的拱形的分析（如前所述，那不是从调形格局出发来概括的）有所不同，但可以肯定的是，从调形格局概括出来的拱形应该更具有代表性。从表8－2中贵州汉语方言各方言点所有发音人声调的拱形中可以看到，实验调值所反映的拱形使各方言点的调形格局显示出了很强的一致性。如果暂时不考虑黎平方言、都匀方言和喇叭话的入声以及酸汤话的阳去，那么所有方言都只看四个调类，则贵州汉语方言的调形格局就显示出了更强的一致性。如果仅从拱形维度来看的话，贵州汉语方言的调形格局可以分为两种主要的格局类型，即使再考虑到高度维度，仍然能够概括为两种占主导地位的格局类型。

第一种调形格局类型是"平—降—降—升"型（Ⅰ型）。包括西南官话川黔片的安顺、兴义、毕节和六盘水方言，还包括其他汉语方言中的喇叭话和屯堡话。这是仅从拱形维度来概括的，如果再考虑高度维度的话，情况就比较复杂了，但从中仍然可以看到一种主要的调形格局类型，那就是"高平—半高降—高半降—低升"，可以作为这一类型的代表；其他的则有的表现为阴平中平调，有的表现为去声高升调，还有的表现为阳平低降调或上声中降调等。这一种类型当中最主要的一个区别就是作为西南官话的方言与其他汉语方言在去声的高低上，前者是低升调，而后者则为高升调。

第二种调形格局类型是"升—降—降—升（凹）"型（Ⅱ型）。包括西南官话川黔片的贵阳方言，西蜀片的遵义、赤水和威宁方言以及湖广片的剑河方言等。如果把高度这一维度考虑进去的话，这一种类型的调形格局主要有三类：最主要的一类是"高升—中降—高降—低升"的调形格局，可以作为这一类型的代表；另两类调形格局与前者的区别主要在于阳平中降/低降调或去声高升调等方面。

以上两种主要的调形格局类型，就是我们所概括的贵州汉语方言的两种主体调形格局（如图8-1所示，左为Ⅰ型的代表调形格局，右为Ⅱ型的代表调形格局），它们可以代表最大多数的贵州汉语方言的调形格局，也能够包容尽可能多的调值变体。

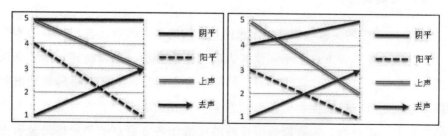

图8-1　贵州汉语方言两种调形格局类型

除了上述两种主要的调形格局之外，贵州其他汉语方言点的调形格局都各有其特点，缺乏统一性，只能认为是某一个方言点的调形格局特征。如铜仁方言的"高升—低平—高降—低升"的调形格局，玉屏方言的"低升—低双折—高降—高升"的调形格局，黎平方言的"高平—低升—中降—高平（—低凹）"的调形格局，都匀方言的"低平—高降—高升—低平（—高降）"的调形格局，以及凯里方言的"高平—高降—高平—低升"的调形格局和酸汤话的"低平—高降—高平—高升（—中平）"的调形格局等。

二、调形格局的地理分布特征

下面，再结合地理因素探讨贵州汉语方言调形格局的特征，即贵州汉语方言调形格局的地理分布特征。在贵州汉语方言的调形格局中，使用最多的Ⅰ型"平—降—降—升"主要分布在贵州西部和北部；使用次多的Ⅱ型"升—降—降—升（凹）"主要分布在贵州中部和东北部（虽然数量为次多，但在贵州是作为强势调形格局存在的）；再向贵州东部和东南部，各种调形格局就显得比较复杂了。与贵州汉语方言声调的传统研究结果相比，本书对贵州汉语方言调形格局的概括有所不同。在贵州汉语方言的传统研究中，《西南官话的分区（稿）》（李蓝，2009）将声调类型划分为4种（不包括本书所说的其他汉语方言），而本书基于语音实验的研究结果只有两种高度概括的主体调形格局，打破了传统划分的4种声调类型的范围，同时也指出了贵州东南部调形格局的复杂性。

如果把贵州汉语方言调形格局的这种地理分布特征进一步扩展，就会看到包括贵州汉语方言在内的整个西南官话更大的一致性。目前所见到的贵州周边方言的调形格局的实验研究仅有成都和重庆。寸熙、朱晓农（2013）所刻画的成都方言的调形格局为"高低降降"①（图8-2上左图），重庆方言的

---

① 我们认为"高低降降"（包括后文的"高低升降"）这种对调形格局的描述方法有其不严谨处，不同声调的描写有的用的是拱形维度，有的用的却是高度维度，这就造成了处在同一平面的调形格局描写的分裂。而本书所采用的是纯拱形维度调形格局描写或拱形维度和高度维度描写相结合的方法，这样看起来更为统一，也能将不同的调形格局描写得更为准确。

调形格局为"高低升降"（图8-2中左图）。① 明茂修、张显成（2015）最初把重庆方言的调形格局刻画为"高升—中降—高凸降—低凹"（图8-2下左图），其中对重庆方言调形格局中上声拱形的确定依据各个发音人上声的实际拱形表现及与传统调值的差异性等方面的考虑突出了其前部的升势，而且在听感上只强调了其作为降调的总体特征，却忽略了拱形前部在听感上的表现。但是，现在看来，其实上声前部的升势在听感上并不十分明显，最突出的听感反应仅仅在于时长上稍长。所以，综合以上考虑，明茂修（2017）把重庆方言调形格局中上声的拱形重新确定为高弯降，而不是之前的高凸降，或许这样更符合上声拱形发展演变的实际情况，也应该更具有代表性。当然，这并不否认上声的拱形有更进一步向高凸降发展的可能性。最终将重庆方言的调形格局刻画为"高升—中降—高弯降—低凹"（图8-2下右图）。

通过对贵州汉语方言的调形格局和成都方言、重庆方言的调形格局的比较可以看到，贵州汉语方言中两种占主体地位的调形格局与成都、重庆方言的调形格局都存在相同或相似之处，其中第一种格局类型与成都方言的调形格局对应②，第二种格局类型与重庆方言的调形格局对应。这样，贵州、四川（成都）和重庆三地汉语方言的调形格局就连成了一体，这种分布状况在地理

---

① 这里需要说明的有两点：其一，成都和重庆方言的调形格局用的是朱晓农先生的分域四度制，不同于传统的五度制，但抛开不同度的划分，只考虑各调形在格局中的分布则是可以与本书研究结果作比较的；其二，成都和重庆方言的调形格局中引入了一个"纯低调"的概念，两地格局图中成都是"T3"，重庆是"T1b"，都用低平调表示，而这个概念并没有在贵州汉语方言调形格局的研究中引入，但可以通过还原成都和重庆方言调形格局中"纯低调"的调形（图8-2上右图代表成都、图8-2中右图代表重庆）以获得与贵州汉语方言调形格局的可比性。

② 在成都方言的调形格局和贵州汉语方言第一种调形格局的对应中，阴平的拱形在前者是升拱形，后者则是平拱形，我们认为这应该是发音人选择的不同造成的差异。依据有二：其一，寸熙、朱晓农（2013）选择的发音人年龄皆较轻，所操当为新派方言，而本书选择的多为年龄较大的发音人，所操的当是中老派方言；其二，明茂修（2017：40-41）曾对同属于西南官话的重庆方言声调进行过实验研究，在其调形格局中，基本上所有发音人的阴平拱形都存在或大或小的升势，而且年龄越小升势越明显。所以，可以认为成都方言的调形格局和贵州汉语方言第一种调形格局中阴平的拱形的差异仅为新老派方言的差异，从新派的角度来看，这两种调形格局仍然具有很好的对应。与此相反，在阴平拱形的表现上，重庆方言的调形格局中也存在与贵州汉语方言第一种调形格局相对应的一类，但那只出现在部分操老派方言的发音人中，并不是重庆方言的调形格局的主体类型（明茂修、张显成，2015）。鉴于贵州（第一种调形格局类型）、四川（成都）和重庆方言调形格局当中阴平拱形的同与异，我们推测，这三地汉语方言的阴平拱形正在经历着从高平拱形到高升拱形的演变，其中重庆基本上完成了这种演变，贵州正处在演变的过程当中，而四川（成都）由于缺少老派发音人的材料，它处于哪个阶段还不好说，如果从其传统研究与新派实验研究的对比结果来看，它很可能与贵州（第一种调形格局类型）相似，处于演变的中间或稍后阶段。

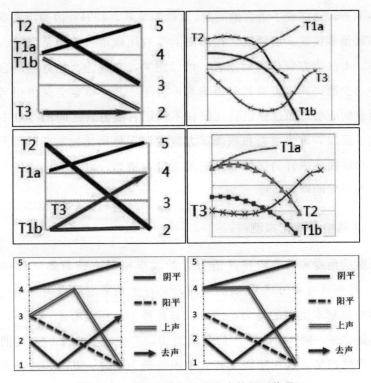

图 8－2　成都方言和重庆方言的调形格局

上的过渡与连续性特别清晰，应当与早期移民进入其地的顺序有很大关系，尤其是考虑到贵州 17 个汉语方言点的调形格局在地理上极为有规律的分布状况，更可以强化这种认识。从中也可以看到，西南官话作为一种主要的官话方言，尽管其分布地域极为广大，但其内部存在极大的统一性和向心性，从本书所分析的调形格局的地理分布特征便可见一斑。当然，尽管黔川渝三地方言的调形格局在地理上形成了很好的对应关系，但各地调形格局仍然存在一定的差别，这种差别可以认为是具有相同或相似调形格局方言的过渡性声调特征。

至于贵州东部和南部这些方言点的调形格局会游离于前两种主要调形格局类型之外的情况，除了前述的移民因素之外，只有语言接触这一个原因可以解释。语言底层理论认为，在两种语言或方言的接触与交流当中，必然有一方处于弱势的语言或方言被另一方所同化，在这个过程中，被同化一方的某些语言成分会通过它原来的使用者不自觉地带到同化一方的语言中来，并不断流传下去，这就成了语言的底层。（欧阳觉亚，1991）因为历来贵州东部和东南部就是多民族杂居地区，在历史上少数民族语言曾经是当地占主导地位的语言，而汉语方言作为后来者，可以想象，在成为当地通用语言的漫长过程当中，少数民族语言对其的影响当不会小，其中肯定会保留相当多的少数民族语言的底层，而这种语言现象在不同语言或方言之间的接触中也是普遍存在的。所以，贵州东部和东南部方言的调形格局比较复杂的原因，我们认为这与少数民族语言的接触和影响关系极为密切，以至于可能还保留着较多少数民族语言的声调底层。

三、调形格局演化拟测

从历时的角度来看，贵州汉语方言的调形格局有向着第二种调形格局"升—降—降—升（或凹）"发展的倾向，它有在未来发展成为贵州境内汉语方言调形格局基本类型的潜力。之所以有此推测，原因有二：其一，从第一种调形格局"平—降—降—升"的分析当中，会发现其阴平的声调曲线大部分都有上升的趋势，这在年轻发音人中表现最为明显；其二，这种调形格局的使用主要分布在贵州省中部，是以贵阳为代表的，而贵阳是贵州省省会，其方言相对于其他方言属于强势方言，向外影响其他方言使其发生趋同于贵阳方言的变化是完全可能的。

当然，在第二种调形格局成为贵州汉语方言调形格局的主体这一过程当中，各个声调也可能还会发生变化。这些变化如果发生的话，最有可能是在上声和去声上。关于上声，它是一个降调，与阳平的拱形是相同的，但高度上有别。当然，这种高度上的区别有时并不太明显，所以上声在有的方言中读成了弯降调，以与阳平的直降相区别。我们相信，一个声调系统中两个降调，如果只用高度来区别，那么它们混淆的可能性就较大，如果再加上拱形的区别，则两个降调的区别特征就异常明显。再说去声，尽管去声的拱形在大部分发音人那里都是凹形的，但是因其前部的降势一般很小而归纳成了升调；而同时，这个调形格局中的阴平也是升调，它同去声的对立与阳平同上声的对立是相似的。所以，去声再维持它的升势似乎与阴平高升调会产生冲突，那么它突出其前部的降势并弱化其后部的升势以与阴平区别开来就是最好的选择了。这样，第二种调形格局最终很有可能演变成"高升—中直降—高弯降—低凹"（还可以进一步概括为"升—直降—弯降—凹"），也就是如图 8-3 所示的将来较有可能代表贵州境内的大多数汉语方言的调形格局。

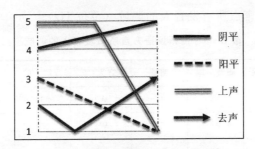

图 8-3　贵州汉语方言的调形格局（未来）模型

至于有的方言中存在的入声或去声分阴去和阳去的情况，从长远来看，入声有并入其他声调的可能，最有可能并入阳平。其实，在我们的实验结果中已经发现有的方言入声的调值趋同于阳平的调值了，如黎平方言。而其他方言的入声或阴去、阳去的发展方向还不好说，起码在调值上还看不到某种合并的迹象。

从总体上来看，贵州省境内的汉语方言的调形格局存在很多共性，主要得益于同处一个地域、强势方言（贵阳方言）的影响以及西南官话内部的向心性等；当然，也存在较多的差异，究其原因，主要是地理上的阻隔和少数民族语言的影响等多重因素综合作用的结果。

第三节　调域特征

在本书第二章到第七章当中，我们对贵州汉语方言中的各个方言点所有发音人的调域进行了统计和分析。可以看到，除了贵阳、六盘水、铜仁、凯里等个别方言点部分地存在男发音人的调域大于女发音人的调域的情况之外，都表现为女发音人的调域大于男发音人的调域，后者才是贵州汉语方言调域大小分布的主体。

在本节中，我们将本次研究的所有方言点的所有发音人的调域数据汇总起来，综合考察调域在贵州汉语方言中的分布情况，探讨男发音人的调域与

基于实验分析的贵州汉语方言声调类型特征研究

女发音人的调域在前面各章中所显示的差异是否具有显著性，也就是看调域
是否具有显著的性别差异；同时考察调域与调域的上限（声调基频的最高
值）、下限（声调基频的最低值）之间的相关关系等。表8-3是所统计的贵
州省境内各汉语方言点所有发音人的调域（单位 Hz）。

表8-3 贵州汉语方言所有发音人的调域

发音人（男）	调域上限	调域下限	调域	发音人（女）	调域上限	调域下限	调域
M1	123	78	45	W1	255	138	117
M2	146	91	55	W2	257	191	66
M3	194	98	96	W3	255	174	81
M4	169	93	76	W4	251	169	82
M5	227	103	124	W5	268	186	82
M6	150	81	69	W6	331	185	146
M7	223	116	107	W7	288	140	148
M8	191	97	94	W8	239	141	98
M9	201	82	119	W9	275	160	115
M10	191	115	76	W10	315	156	159
M11	218	84	134	W11	347	163	184
M12	124	85	39	W12	299	124	175
M13	237	116	121	W13	280	147	133
M14	125	77	48	W14	259	137	122
M15	225	97	128	W15	300	197	103
M16	191	87	104	W16	272	158	114
M17	104	78	26	W17	260	173	87
M18	177	114	63	W18	361	144	217
M19	188	105	83	W19	190	124	66
平均	179	95	85	W20	284	135	149
				W21	257	182	75

（续表）

发音人（男）	调域上限	调域下限	调域	发音人（女）	调域上限	调域下限	调域
				W22	254	140	114
				W23	236	157	79
				W24	231	140	91
				W25	335	171	164
				W26	270	164	106
				平均	276	158	118

从表8-3中的数据可以看到，男发音人的最小调域是26Hz，最大调域是134Hz，两者相差108Hz，其间的差距还是比较大的；女发音人的最小调域是66Hz，最大调域是217Hz，两者相差151Hz，其差距也是非常大的。在男发音人和女发音人的调域之间，最小值之差是40Hz，最大值之差是109Hz，平均调域之差是33Hz，也存在不小的差距。

根据表8-3可以作出所有发音人的调域图，可见图8-4，其中男发音人的调域见左图，女发音人的调域见右图。

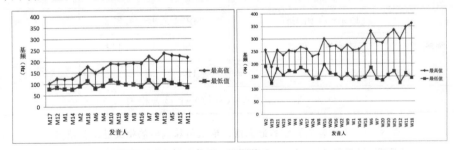

图8-4 贵州汉语方言所有发音人调域的最高值、最低值和调域图

图8-4中男发音人和女发音人的调域都是分别按从小到大的顺序排列的，从图中可以很容易看到所有发音人时长大小的排序。从图中也可以很直观地看到，男发音人的调域之间的差距要比女发音人调域之间的差距小得多。从总体上来看，大部分女性的调域都要比男性的调域大。为了检验男女两性发音人的调域之间的差异是否具有显著性，进行了独立样本T检验，而结果（$P=0.004<0.01$）显示，男性与女性发音人在调域上面差异性显著，说明后者的调域显著大于前者。

同时，对男发音人和女发音人调域的最高值之间、最低值之间是否存在显著差异的独立样本 T 检验结果（$P=0.000<0.001$）显示，男发音人与女发音人调域的最高值之间、最低值之间都存在显著差异，这说明女发音人调域的最高值和最低值都显著高于男发音人。

下面再来考察调域的最高值、最低值与调域是否存在相关关系，或者说哪个与调域的关系更为密切。表 8-4 和表 8-5 是男发音人和女发音人调域的极值与调域的相关性检验结果。

表 8-4　男发音人调域的最高值、最低值和调域的相关性检验结果

相关性检验		最高值	最低值	调域
最高值	Pearson 相关性	1	.651＊＊	.949＊＊
	显著性（双侧）		.003	.000
	N	19	19	19
最低值	Pearson 相关性	.651＊＊	1	.378
	显著性（双侧）	.003		.111
	N	19	19	19
调域	Pearson 相关性	.949＊＊	.378	1
	显著性（双侧）	.000	.111	
	N	19	19	19
＊＊. 在 .01 水平（双侧）上显著相关。				

表 8-5　女发音人调域的最高值、最低值和调域的相关性检验结果

相关性检验		最高值	最低值	调域
最高值	Pearson 相关性	1	.220	.860＊＊
	显著性（双侧）		.279	.000
	N	26	26	26
最低值	Pearson 相关性	.220	1	−.309
	显著性（双侧）	.279		.124
	N	26	26	26

（续表）

相关性检验		最高值	最低值	调域
调域	Pearson 相关性	.860＊＊	−.309	1
	显著性（双侧）	.000	.124	
	N	26	26	26
＊＊. 在 .01 水平（双侧）上显著相关。				

从表 8-4 和表 8-5 可知，男发音人和女发音人的最高值与调域之间都在 0.001 水平上存在显著的正相关关系（相关系数分别为 0.949 和 0.860，相关性概率都是 0.000<0.001），但最低值与调域之间却不存在相关性（相关系数分别为 0.378 和 −0.309，相关性概率分别为 0.111>0.01 和 0.124>0.01）。检验结果说明，所有发音人的调域的扩大或缩小都与最高值的扩大或缩小密切相关，但与最低值的扩大或缩小不存在相关性。换言之，最高值大的，调域相应也大；最高值小的，调域相应也小。

第四节　时长特征

贵州省境内各代表汉语方言点声调的时长已经在前面各章中进行了描写和说明，并作了声调时长图，同时进行了各方言点内部各声调时长与拱形关系的比较。本节将探讨贵州汉语方言中声调的时长与性别、拱形、高度等的关系。

在本书第二章到第七章中，我们对各方言点不同发音人的绝对时长进行了统计，考察了不同调类的时长以及比较了同调类中不同发音人的时长差异等。所发现的时长大小的基本规律是同调类中女性发音人基本都要大于男性发音人，而且有的差距还相当大，当然也存在不少例外的情况。表 8-6 是从本书第二章到第七章中汇总的各方言点绝对时长（单位 ms）数据，下面将根据此表来考察贵州汉语方言绝对时长所体现出来的整体性特征。

表 8-6　贵州汉语方言声调绝对时长汇总表

单位：ms

方言归属	方言点	发音人	平声		上声	去声		入声
			阴平	阳平	上声	阴去	阳去	
川黔片	贵阳方言	M11	337	298	291	301		
		W15	380	260	280	300		
	安顺方言	M12	263	164	220	263 ↑		
		W16	318	255	318	408		
		W17	353	239	275	363		
	兴义方言	M14	241	199	200	288		
		W19	169	178	199	260		
	毕节方言	M17	242	262	252	271		
		W24	253	306	332	416		
	六盘水方言	M16	174	213	221	267		
		W21	257	203	227	300		
		W22	269	217	252	346		
		W23	257	187	201	281		
	铜仁方言	M2	261	277	205	266		
		M3	267	328	222	358		
		W5	246	267	227	262		
		W6	366	362	310	411		
西蜀片	遵义方言	W1	430	395	430	481		
		W3	363	341	379	490		
		W4	342	195	227	383		
	赤水方言	M1	232	191	199	318		262
		W2	388	337	353	475		452

（续表）

方言归属	方言点	发音人	平声		上声	去声		入声
			阴平	阳平	上声	阴去	阳去	
西蜀片	威宁方言	M18	285	284	265	305		
		M19	297	320	288	320		
		W25	324	312	286	371		
		W26	303	341	294	347		
湖广片	玉屏方言	M4	242	278	263	198		
		W7	399	460	360	324		
	剑河方言	M6	359	371	377	404		
		W9	311	320	292	308		
	黎平方言	M9	263	254	191	199		232
		W11	266	292	240	218		299
		W12	299	282	256	245		277
桂柳片	都匀方言	M10	450	285	378	426		353
		W13	418	392	326	441		338
		W14	305	269	288	240		237
	凯里方言	M5	313	301	275	331		
		W8	532	499	481	503		
其他汉语方言	喇叭话	M15	260	231	218	264		308
		W20	415	296	386	451		467
	屯堡话	M13	336	278	312	308		
		W18	397	319	374	353		
	酸汤话	M7	398	361	326	262	389	
		M8	307	290	277	305	314	
		W10	336	333	318	260	359	

为了进一步考察贵州汉语方言中各方言点不同声调的时长之间有没有显

著差异，以及是否存在显著的性别差异，我们使用从本书第二章到第七章中汇总的各方言点的绝对时长（表 8-6）数据进行了独立样本 T 检验。

对不同调类的时长进行独立样本 T 检验的结果（见表 8-7）显示，只有阳平的时长与去声（阴去）的时长之间、上声与去声（阴去）的时长之间和去声（阴去）与阳去的时长之间存在显著差异，这说明去声（阴去）的时长显著大于阳平和上声的时长，而阳去的时长又显著大于去声（阴去）的时长。独立样本 T 检验结果也显示，其他各调类的时长之间都没有显著差异。

表 8-7　贵州汉语方言不同调类时长的 T 检验结果

调类	显著性概率	调类	显著性概率	调类	显著性概率
阴平—阳平	0.089	阳平—上声	0.819	上声—阳去	0.095
阴平—上声	0.050	阳平—去声（阴去）	0.011*	上声—入声	0.148
阴平—去声（阴去）	0.362	阳平—阳去	0.130	去声（阴去）—阳去	0.005*
阴平—阳去	0.808	阳平—入声	0.206	去声（阴去）—入声	0.148
阴平—入声	0.385	上声—去声（阴去）	0.005*	阳去—入声	0.542

从前面各章节对各个方言不同性别的同调类声调的时长统计与分析可知，基本上皆为男发音人的时长短于女发音人。但是这种差异是否具有统计意义上的差别，还要通过检验获得。独立样本 T 检验的结果（见表 8-8）显示，只有阴平之间、上声之间、去声（阴去）之间存在性别差异，即在这三个调类中，女发音人的时长显著大于男发音人，而在其他调类中看不到显著的性别差异。

表 8-8　贵州汉语方言不同调类时长的分性别 T 检验结果

调类	阴平	阳平	上声	去声（阴去）	阳去	入声
显著性概率	0.049	0.174	0.037	0.015	0.927	0.317

在本书第二章到第七章中，我们对贵州汉语方言各方言点声调的相对时长都进行了独立描写和分析，现在把前面各章中各方言点中所有发音人的相对时长汇总起来对其所反映的时长特征进行再分析。表 8-9 是贵州汉语方言

声调相对时长汇总表。

表 8-9 贵州汉语方言声调相对时长汇总表

方言归属	方言点	发音人	平声		上声	去声		入声
			阴平	阳平	上声	阴去	阳去	
川黔片	贵阳方言	M11	1.11	0.98	0.96	0.99		
		W15	1.24	0.84	0.92	1.00		
	安顺方言	M12	1.16	0.72	0.96	1.16↑		
		W16	0.98	0.79	0.98↑	1.26		
		W17	1.15	0.78	0.90	1.18		
	兴义方言	M14	1.04	0.86	0.86↑	1.24		
		W19	0.84	0.88	0.99	1.29		
	毕节方言	M17	0.94	1.02	0.98	1.06		
		W24	0.77	0.94	1.01	1.27		
	六盘水方言	M16	0.79	0.97	1.01	1.22		
		W21	1.04	0.82	0.92	1.22		
		W22	0.99	0.80	0.93	1.28		
		W23	1.11	0.81	0.87	1.22		
	铜仁方言	M2	1.03	1.10	0.81	1.06		
		M3	0.91	1.12	0.76	1.22		
		W5	0.98	1.07	0.91	1.05		
		W6	1.01	1.00	0.86	1.13		
西蜀片	遵义方言	W1	0.99	0.91	0.99↑	1.11		
		W3	0.92	0.87	0.96	1.25		
		W4	1.19	0.68	0.79	1.33		
	赤水方言	M1	0.97	0.79	0.83	1.32		1.09
		W2	0.97	0.84	0.88	1.18		1.13

（续表）

方言归属	方言点	发音人	平声		上声	去声		入声
			阴平	阳平	上声	阴去	阳去	
西蜀片	威宁方言	M18	1.00↑	1.00	0.93	1.07		
		M19	0.97	1.05	0.94	1.04		
		W25	1.00	0.97	0.89	1.15		
		W26	0.94	1.06	0.91	1.08		
湖广片	玉屏方言	M4	0.99	1.13	1.07	0.81		
		W7	1.03	1.19	0.93	0.84		
	剑河方言	M6	0.95	0.98	1.00	1.07		
		W9	1.01	1.04	0.95	1.00		
	黎平方言	M9	1.15	1.12	0.84	0.87		1.02
		W11	1.01	1.11	0.91	0.83		1.14
		W12	1.10	1.04	0.94	0.90		1.02
桂柳片	都匀方言	M10	1.19	0.75	1.00	1.13		0.93
		W13	1.09	1.02	0.85	1.15		0.88
		W14	1.14	1.00	1.07	0.90		0.89
	凯里方言	M5	1.03	0.99	0.90	1.08		
		W8	1.06	0.99	0.96	1.00		
其他汉语方言	喇叭话	M15	1.02	0.90	0.85	1.03		1.20
		W20	1.03	0.74	0.96	1.12		1.16
	屯堡话	M13	1.09	0.90	1.01	1.00		
		W18	1.10	0.89	1.04	0.98		
	酸汤话	M7	1.15	1.04	0.94	0.76	1.12	
		M8	1.03	0.97	0.93	1.02	1.05	
		W10	1.05	1.04	0.99	0.81	1.12	

为了更为直观地考察所有代表方言点所有发音人各个声调的时长，根据

表 8 - 9 中的数据得到了图 8 - 5 贵州汉语方言声调的相对时长图。

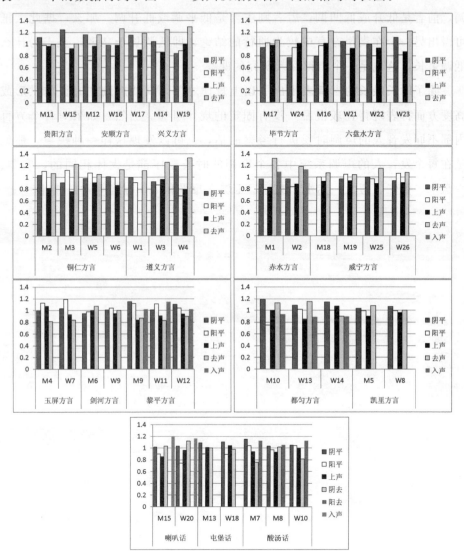

图 8 - 5 贵州汉语方言声调相对时长图

从表 8 - 9 和图 8 - 5 可以看到，以最长时长的声调为参照可以将表分成上下两个部分：西南官话川黔片、西蜀片方言一般表现为去声时长最长；而西南官话湖广片、桂柳片和其他汉语方言的表现就要混乱得多，但从中仍然能看到阴平时长最长的占了约半数。对于最长的这些声调，前者可用拱形的不同来解释，即曲折调长于非曲折调；但后者似乎有点说不通，因为它们大都

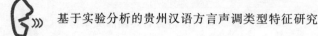

是平调。不过，这些最长的声调都有一个共同的特点，那就是基本上都是低调，前者是低升或低凹调，后者则主要是低平调或低升调。那么，据此大抵可得出另一个在贵州方言中较为通行的结论，即低调长于高调。至于为什么低调最长，这也是一个值得深入研究的课题。

除了时长最长的声调表现出了以上规律之外，其他声调在时长与拱形或高度方面都表现得比较混乱，没有固定的规律可循。当然，如果对各个方言内部不同发音人的声调时长进行考察的话，也可以发现这样一种现象，那就是在每个发音人的声调系统中各个声调的时长顺序都是大体相同的，安顺、六盘水、铜仁、遵义、赤水、威宁、玉屏、黎平和屯堡方言等就是如此。

参考文献

一、著作

[1]   蔡荣男.傣语的声调格局和元音格局[M].成都:四川大学出版社,2007.

[2]   陈章太,李行健.普通话基础方言基本词汇集[M].北京:语文出版社,1996.

[3]   陈遵平.赤水方言志[M].北京:中国文史出版社,2012.

[4]   高本汉.汉语的本质和历史[M].聂鸿飞,译.北京:商务印书馆,2010.

[5]   高玉娟.大连方言声调研究[M].大连:辽宁师范大学出版社,2007.

[6]   贵州省地方志编纂委员会.贵州省志·汉语方言志[M].北京:方志出版社,1998.

[7]   郭锦桴.汉语声调语调阐要与探索[M].北京:北京语言学院出版社,1993.

[8]   何大安.声韵学中的观念和方法[M].2版.台北:大安出版社,1996.

[9]   贺登崧.汉语方言地理学[M].石汝杰,岩田礼,译.上海:上海教育出版社,2003.

[10]   李如龙.汉语方言的比较研究[M].北京:商务印书馆,2001.

[11]   林焘,王理嘉.语音学教程[M].北京:北京大学出版社,1992.

[12]   刘复.四声实验录[M].北京:中华书局,1951.

[13]   刘俐李,等.江淮方言声调实验研究和折度分析[M].成都:巴蜀书社,2007.

[14] 刘俐李. 汉语声调论[M]. 南京:南京师范大学出版社,2004.

[15] 刘岩. 孟高棉语声调研究[M]. 北京:中央民族大学出版社,2006.

[16] 龙异腾,吴伟军,宋宣,等. 黔中屯堡方言研究[M]. 重庆:西南交通大学出版社,2011.

[17] 罗伯特·迪克森. 语言兴衰论[M]. 朱晓农,严至诚,焦磊,等,译. 北京:北京大学出版社,2010.

[18] 明茂修. 毕节方言声调实验研究[M]. 成都:四川大学出版社,2012.

[19] 明茂修. 重庆方言声调实验研究[M]. 重庆:西南师范大学出版社,2017.

[20] 平悦铃,等. 吴语声调的实验研究[M]. 上海:复旦大学出版社,2001.

[21] 黔东南州地方志办公室. 黔东南方言志:黔东南苗族侗族地区汉语方言调查研究[M]. 成都:巴蜀书社,2007.

[22] 石锋,廖荣蓉. 语音丛稿[M]. 北京:北京语言学院出版社,1994.

[23] 石锋. 语音学探微[M]. 北京:北京大学出版社,1990.

[24] 石锋. 实验音系学探索[M]. 北京:北京大学出版社,2009.

[25] 王福堂. 汉语方言语音的演变和层次[M]. 北京:语文出版社,1999.

[26] 王贵生,张雄,等. 黔东南方言地理学研究[M]. 北京:中央民族大学出版社,2015.

[27] 王贵生. 黔东南方言概论[M]. 成都:电子科技大学出版社,2009.

[28] 吴伟军. 贵州晴隆长流喇叭苗人话[M]. 北京:商务印书馆,2019.

[29] 吴宗济,林茂灿. 实验语音学概要[M]. 北京:高等教育出版社,1989.

[30] 萧黎明. 铜仁方言与文化研究[M]. 成都:电子科技大学出版社,2013.

[31] 熊赐新. 黎平方言[M]. 成都:巴蜀书社,2014.

[32] 颜宁. 非线性音系学[M]. 北京:人民出版社,2009

[33] 袁家骅,等. 汉语方言概要[M]. 2版. 北京:语文出版社,2001.

[34] 中国社会科学院语言研究所,中国社会科学院民族学与人类学研究所,香港城市大学语言资讯科学研究中心. 中国语言地图集:汉语方言卷[M]. 2版. 北京:商务印书馆,2012.

[35] 朱晓农. 上海声调实验录[M]. 上海:上海教育出版社,2005.

[36]　朱晓农．语音学[M]．北京:商务印书馆,2010.

[37]　遵义市志编纂委员会．遵义市志[M]．北京:中华书局,1998.

二、论文

[1]　班阳．贵州屯堡方言单字调实验研究[J]．现代语文(语言研究版),2014(7).

[2]　班阳．贵州天龙话与平坝话的语音比较[J]．语文学刊,2014(18).

[3]　鲍厚星．湘语声调演变的一种特殊格局[J]．中国方言学报,2006(1).

[4]　蔡鸿．喇叭话声母记略[J]．贵州民族学院学报(哲学社会科学版),2005(2).

[5]　曹剑芬．连读变调与轻重对立[J]．中国语文,1995(4).

[6]　曹志耘．汉语方言声调演变的两种类型[J]．语言研究,1998(1).

[7]　曾春蓉．湘语声调实验研究[D]．长沙:湖南师范大学,2007.

[8]　陈诚．六枝话中的"得"[J]．群文天地,2011(16).

[9]　陈平．黎平话为什么叫"小北京话"[J]．文史天地,2002(7).

[10]　陈遵平,兰卡佳．赤水方言的连读变调[J]．遵义师专学报,1996(2).

[11]　陈遵平．赤水(白云)方言的语音特点[J]．遵义师范学院学报,2002,4(4).

[12]　陈遵平．遵义市城区青少年入声字的变异[J]．遵义师范学院学报,2006,8(6).

[13]　陈遵平．赤水方言的儿化韵[J]．遵义师范学院学报,2008,10(6).

[14]　寸熙,朱晓农．成渝官话的类型[J]．语言研究,2013,33(4).

[15]　范朝康．喇叭话的语音系统[J]．贵州大学学报(社会科学版),2002,20(4).

[16]　方军,高晓娟．黔东封闭性词汇亲属称谓研究[J]．铜仁学院学报,2012,4(3).

[17]　何丽,张春红．贵州都匀话音系[J]．南阳师范学院学报(社会科学版),2011,10(10).

[18]　何睦．兴义城关方言和乌沙、敬南方言变调的比较[J]．兴义民族师范学

院学报,2012(1).

[19]　胡光斌．遵义方言的儿化韵[J]．方言,1994(3).

[20]　胡光斌．遵义方言的"X都XP了"[J]．汉语学报,2011(2).

[21]　胡伟．遵义方言两字组变调的声学实验[J]．中国城市经济,2012(3).

[22]　黄雪贞．西南官话的分区(稿)[J]．方言,1986(4).

[23]　蒋希文．黔东南汉语方言[J]．方言,1990(3).

[24]　金美．黔东南苗语侗语对汉语语音的影响[J]．贵州民族研究,1998(1).

[25]　李丰．《蹄春台》中的安顺方言例释[J]．郑州航空工业管理学院学报(社会科学版),2009,28(2).

[26]　李丰．贵州九溪音与北京音的声韵调比较概况[J]．现代语文(语言研究版),2009(5).

[27]　李金黛．都匀话老中青三代的语音差异[J]．贵阳学院学报(社会科学版),2010,5(3).

[28]　李蓝．六十年来西南官话的调查与研究[J]．方言,1997(4).

[29]　李蓝．西南官话的分区(稿)[J]．方言,2009,31(1).

[30]　李如龙．两种少见的声调演变模式[J]．语文研究,1992(2).

[31]　李蕊．"酸汤话"研究述略[J]．教育文化论坛,2011,3(2).

[32]　林茂灿．北京话声调分布区的知觉研究[J]．声学学报,1995,20(6).

[33]　林茂灿．普通话两音节间F0过渡及其感知[J]．中国社会科学,1996(4).

[34]　林茂灿．汉语语调与声调[J]．语言文字应用,2004(3).

[35]　刘丹青．语言类型学与汉语研究[J]．世界汉语教学,2003(4).

[36]　刘光亚．贵州省汉语方言的分区[J]．方言,1986(3)

[37]　刘光亚．贵州汉语方言调查[J]．贵州文史丛刊,1994(6).

[38]　刘俐李．二十世纪汉语声调理论的研究综述[J]．当代语言学,2004,6(1).

[39]　刘崧．黎平话起源考[J]．凯里学院学报,2016,34(1).

[40]　刘宗艳．酸汤话的混杂性观察[J]．南华大学学报(社会科学版),2013,14(6).

[41] 刘宗艳.酸汤话研究[D].长沙:湖南师范大学,2014.

[42] 陆极致.关于声调理论的探索[J].汉语学习,1986(4).

[43] 罗安源."复声调"与"曲折调"新探[J].中央民族大学学报,2006,33
(3).

[44] 罗冉.基于声学数据的贵阳方言调值和调长研究[J].贵州工程应用技
术学院学报,2018,36(6).

[45] 梅祖麟.Tones and Prosody in Middle Chinese and the Origin of the
Rising Tone[C]//梅祖麟语言学言论文集.北京:商务印书馆,2000.

[46] 明茂修.六盘水(六枝)方言声调实验研究[J].六盘水师范高等专科学
校学报,2009,21(4).

[47] 明茂修.遵义方言单字调实验研究[J].遵义师范学院学报,2009,11
(6).

[48] 明茂修.贵州威宁方言单字调声学实验分析[J].黔南民族师范学院学
报,2011,31(5).

[49] 明茂修.试论汉语方言声调的实验研究方法[J].临沂大学学报,2013,
35(3).

[50] 明茂修,郎禹.毕节方言的调形格局——兼论毕节方言中的特殊声调现
象[J].贵州工程应用技术学院学报,2016,34(4).

[51] 明茂修.基于实验的贵州汉语方言声调地理分布特征研究[J].实验语
言学,2017,6(3).

[52] 欧阳觉亚.运用底层理论研究少数民族语言与汉语的关系[J].民族语
文,1991(6).

[53] 平山久雄.声调调值系统在官话方言中演变的不同类型及其分布[C]//
语言变化与汉语方言——李方桂先生纪念论文集.台北:中央研究院语
言研究所筹备处,美国华盛顿大学,2000.

[54] 亓海峰.招远方言声调格局的变异[J].汉语学报,2011(2).

[55] 钱曾怡.从汉语方言看汉语声调的发展[J].语言教学与研究,2000(2).

[56] 钱瑶,高云峰.关于确定声调调形和调值方法的探讨[J].上海师范大学
学报(哲学社会科学版),2000,29(2).

[57] 瞿建慧,谢玲.湘西南酸汤话的演变与归属[J].贵州民族研究,2011,32(6).

[58] 沈炯.汉语音高系统的有声性和区别性[J].语言文字应用,1995(2).

[59] 石锋.论五度值记调法[J].天津师大学报(社会科学版),1990(3).

[60] 唐诗吟.贵州黔南州都匀方言单字音声调音高的实验分析[J].校园英语,2017(45).

[61] 涂光禄.剑河汉语方言语音及各乡镇之间的差别[J].贵州教育学院学报(社会科学版),1997(3).

[62] 汪平.贵阳方言的语音系统[J].方言,1981(2).

[63] 王彬.铜仁方言重叠式名词研究[D].上海:上海师范大学,2009.

[64] 王彬.铜仁方言与普通话重叠式名词结构对比分析[J].铜仁学院学报,2013,15(3).

[65] 王贵生.黔东南方言在贵州方言研究中的特殊地位[J].黔东南民族师范高等专科学校学报,2004,22(1).

[66] 王贵生.贵州省凯里市城区方言的现状及展望[J].凯里学院学报,2007,25(5).

[67] 王士元,刘汉城,张文轩.声调的音系特征[J].国外语言学,1987(1).

[68] 王士元,刘汉城,张文轩.声调发展方式一说[J].语文研究,1988(1).

[69] 吴伟军.贵州晴隆喇叭话的濒危现状及保护策略——以长流乡为例[J].贵州民族研究,2017,38(5).

[70] 吴伟军.屯堡方言声调系统共时历时比较[J].贵州师范大学学报(社会科学版),2007(5).

[71] 吴志刚.汉语声调"弯头"现象的实验分析[J].汉语学习,2009(2).

[72] 吴宗济,张宜.吴宗济先生谈实验语音学研究[J].外语教学与研究,2005,37(1).

[73] 伍安东,吕燕平.屯堡方言初探[J].安顺师范高等专科学校学报(综合版),2004(1).

[74] 萧黎明,王彬."西五县"方言单字的声调格局[J].毕节学院学报,2014,32(5).

[75] 萧黎明．铜仁地区汉语方言内部差异及成因[J]．铜仁学院学报,2007 (4).

[76] 肖永凤．六盘水方言概述[J]．六盘水师范高等专科学校学报,1996(1).

[77] 肖永凤．六盘水方言中"打"的语义分析[J]．六盘水师范学院学报, 2012,24(6).

[78] 谢玲．湘西南酸汤话语音研究[D]．吉首:吉首大学,2011.

[79] 幸嫚．论兴义方言词汇与普通话词形比较之差异[J]．兴义民族师范学 院学报,2012(2).

[80] 幸嫚．贵州兴义方言语音系统[J]．兴义民族师范学院学报,2013(1).

[81] 徐凤云．盘县话语音[J]．贵州教育学院学报(社会科学版),1988(2).

[82] 徐凤云．贵州都匀老派方言音系[J]．贵州大学学报(社会科学版),1988 (4).

[83] 徐凤云．黔南汉语方言的特点[J]．贵阳师专学报(社会科学版),1991 (3).

[84] 薛国富．遵义方言音系的特点[J]．贵州师范大学学报(社会科学版), 1990(3).

[85] 杨明．屯堡言旨话的语言特点及语言技巧来源初探[J]．铜仁学院学报, 2012,14(1).

[86] 杨钦．锹里地区"酸汤话"语音研究[D]．长沙:中南大学,2012.

[87] 杨学军．黔湘边界"酸汤话"音系记略[J]．黔东南民族师专学报(哲社 版),1996,14(2).

[88] 杨学军."酸汤话"音系记略(续)[J]．黔东南民族师范高等专科学校学 报,2006,24(5).

[89] 叶晓芬,雷鸣．安顺汉语方言词的构词理据及文化内涵研究[J]．廊坊师 范学院学报(社会科学版),2014,30(5).

[90] 叶晓芬,杨正宏．安顺城郊汉语方言地名解读[J]．六盘水师范学院学 报,2013,25(5).

[91] 袁本良．安顺方言本字考[J]．安顺师专学报(社会科学版),1989(1).

[92] 袁本良．安顺方言中的变调[J]．安顺师专学报(社会科学版),1995(1).

[93]　袁本良.安顺城区方言音系[J].安顺师专学报(社会科学版),1996(1).

[94]　张定贵."言旨话"与屯堡人的历史记忆[J].西南民族大学学报(人文社会科学版),2011,32(8).

[95]　张雄.酸汤话内部差异研究[D].贵阳:贵州大学,2007.

[96]　张余.贵阳市区方言研究[J].贵阳市委党校学报,2009(4).

[97]　张振兴.汉语方言调查研究的未来走向[J].云南师范大学学报(哲学社会科学版),2009,41(2).

[98]　赵世民.遵义方言中的古汉语词汇述例[J].贵州教育学院学报(社会科学版),1985(1).

[99]　赵则玲.汉语方言研究方法的新突破[J].宁波大学学报(人文科学版),2007,20(6).

[100]　周艳.试析都匀方言的存古特点[J].凯里学院学报,2010,28(1).

[101]　周艳.贵州都匀方言的入声[J].黔南民族师范学院学报,2011,31(4).

[102]　朱晓农,石德富,韦名应.鱼粮苗语六平调和三域六度标调制[J].民族语文,2012(4).

[103]　朱晓农,韦名应,王俊芳.十五调和气调:侗语榕江县口寨方言案例[J].民族语文,2016(5).

[104]　朱晓农,吴和德.高坝侗语五平调和分域四度制[C]//语言研究辑刊(第四辑).上海:上海辞书出版社,2007.

[105]　朱晓农.基频归一化——如何处理声调的随机差异?[J].语言科学,2004,3(2).

[106]　朱晓农.降调的种类[J].语言研究,2012,32(2).

[107]　朱晓农.声调类型学大要——对调型的研究[J].方言,2014(3).